太极拳学（影印本）（上册）

沈家桢 著
沈节加 整理

人民体育出版社

太极拳学（上、下册）完稿于1936年，此书为影印版本。

图书在版编目（CIP）数据

太极拳学. 上册 / 沈家桢著；沈节加整理. -- 影印本. -- 北京：人民体育出版社，2022
 ISBN 978-7-5009-5934-2

Ⅰ.①太… Ⅱ.①沈… ②沈… Ⅲ.①太极拳—基本知识 Ⅳ.①G852.11

中国版本图书馆CIP数据核字(2020)第267439号

*

人民体育出版社出版发行
北京新华印刷有限公司印刷
新 华 书 店 经 销

*

710×1000　16开本　28.5印张　89千字
2022年8月第1版　2022年8月第1次印刷
印数：1—3,000 册

*

ISBN 978-7-5009-5934-2
定价：86.00元

社址：北京市东城区体育馆路8号（天坛公园东门）
电话：67151482（发行部）　　邮编：100061
传真：67151483　　　　　　　邮购：67118491
网址：www.psphpress.com

（购买本社图书，如遇有缺损页可与邮购部联系）

沈家桢简介

沈家桢先生（1891—1972），江苏南通白蒲人士，上海交通大学毕业。因其早年体弱多病，于14岁开始拜杨健侯为师学习太极拳。杨健侯过世后，又与其子杨澄甫一起研习探讨太极拳。沈先生年轻时跟随孙中山先生参加辛亥革命并被派往北平（北京）工作。1928年，沈家桢在下属引荐下结识了来京教拳的陈发科先生。陈发科与沈家桢情分深厚，成为知己，又因陈先生长沈先生5岁，故以兄弟称之。沈家桢跟陈发科学习了原始的陈式太极拳，同时和陈发科先生共同研究和探讨出了许多宝贵的太极拳奥秘及心得，学术上也深得詹天佑前辈的器重。

沈家桢先生于1961年受人民体育出版社之托，和顾留馨先生一起编撰了我国第一部《陈式太极拳》。此书在1963年12月出版发行，其中第一、二、三章由沈家桢执笔，第四、五章由顾留馨编写。

沈家桢先生为太极拳学呕心沥血长达几十年。期间，沈先生结合人体经络穴位的知识和运用建筑专业的力学理论知识，对太极拳的理论作了进一步升华。所以本书中大量使用现代力学解析一招一式拳路，并且使用传统经络和穴位诠释一神一气，把太极拳从浅层运动提升到理论的高度，从而展示了太极拳运动的最高境界。

杜心五先生（曾任孙中山保镖）非常赏识沈家桢太极拳学，并且为本书题言。

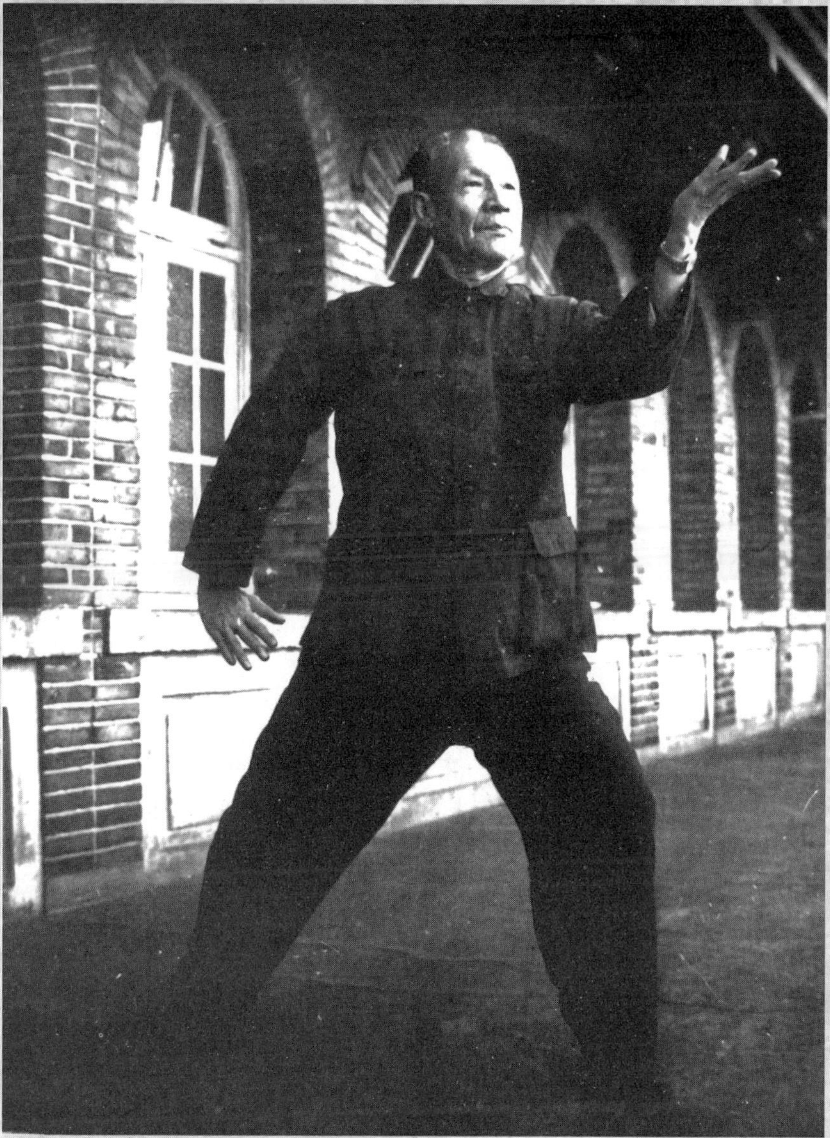

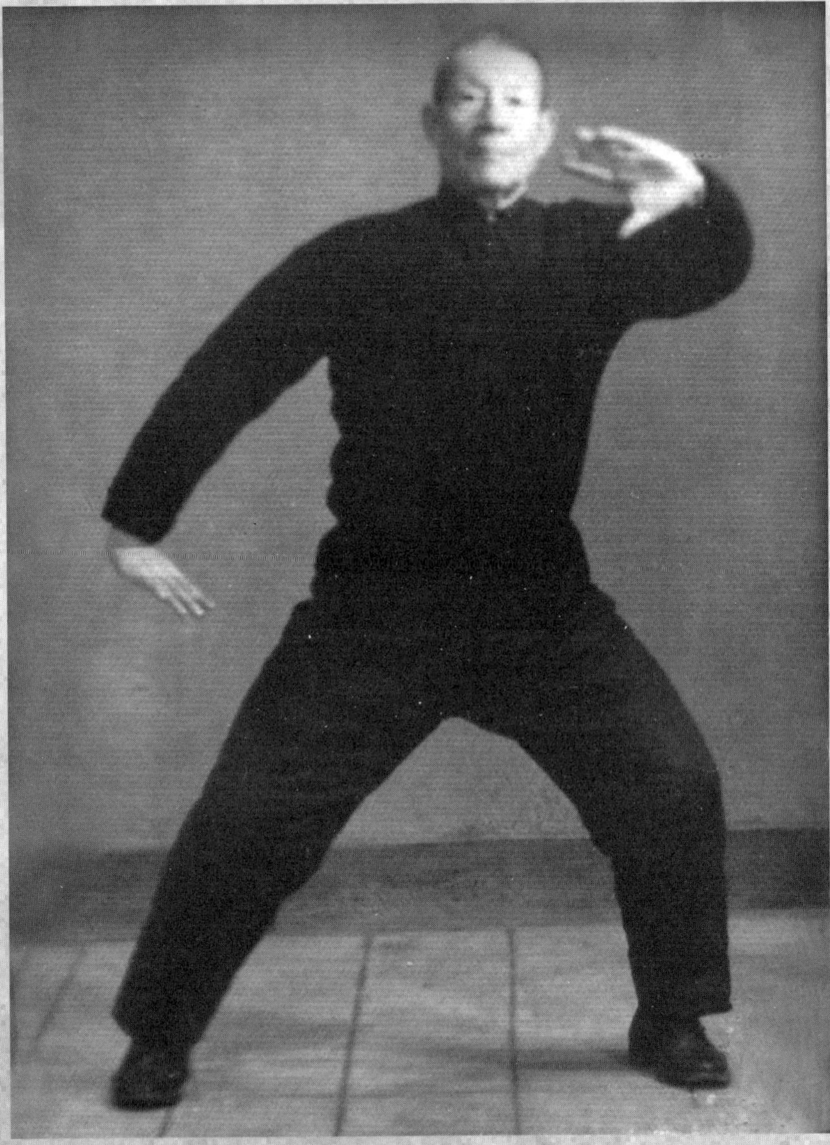

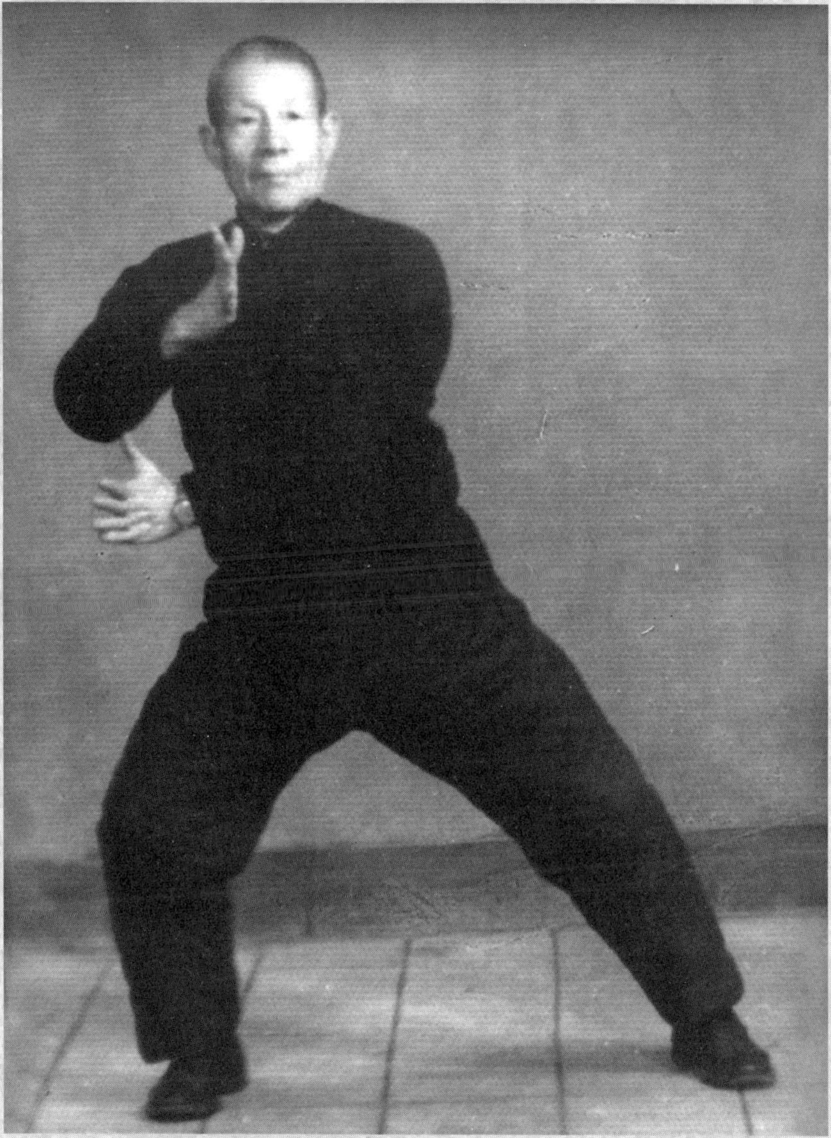

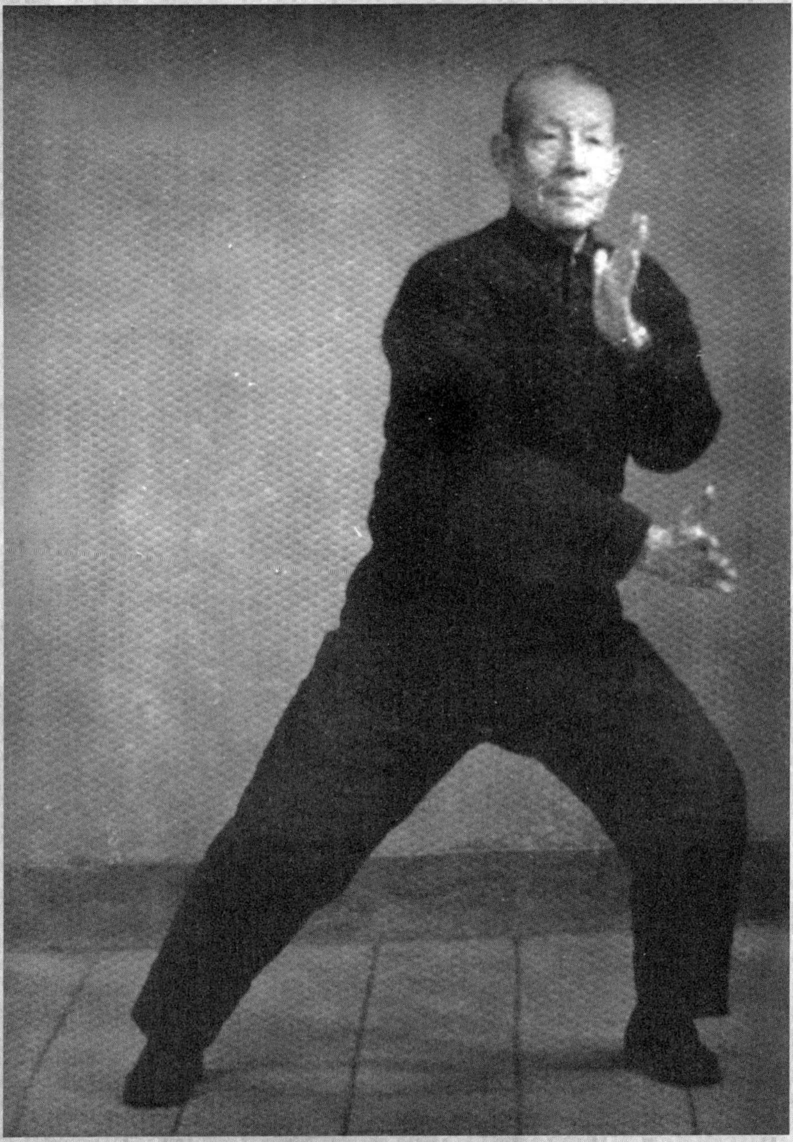

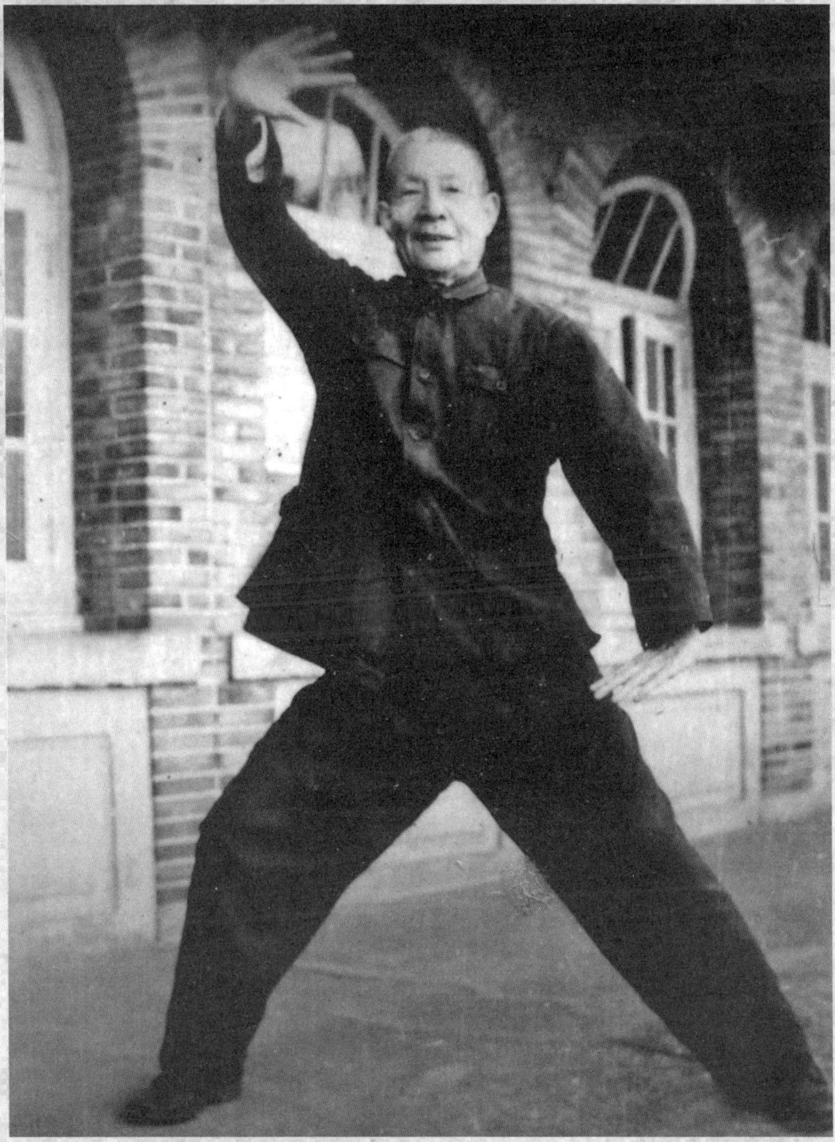

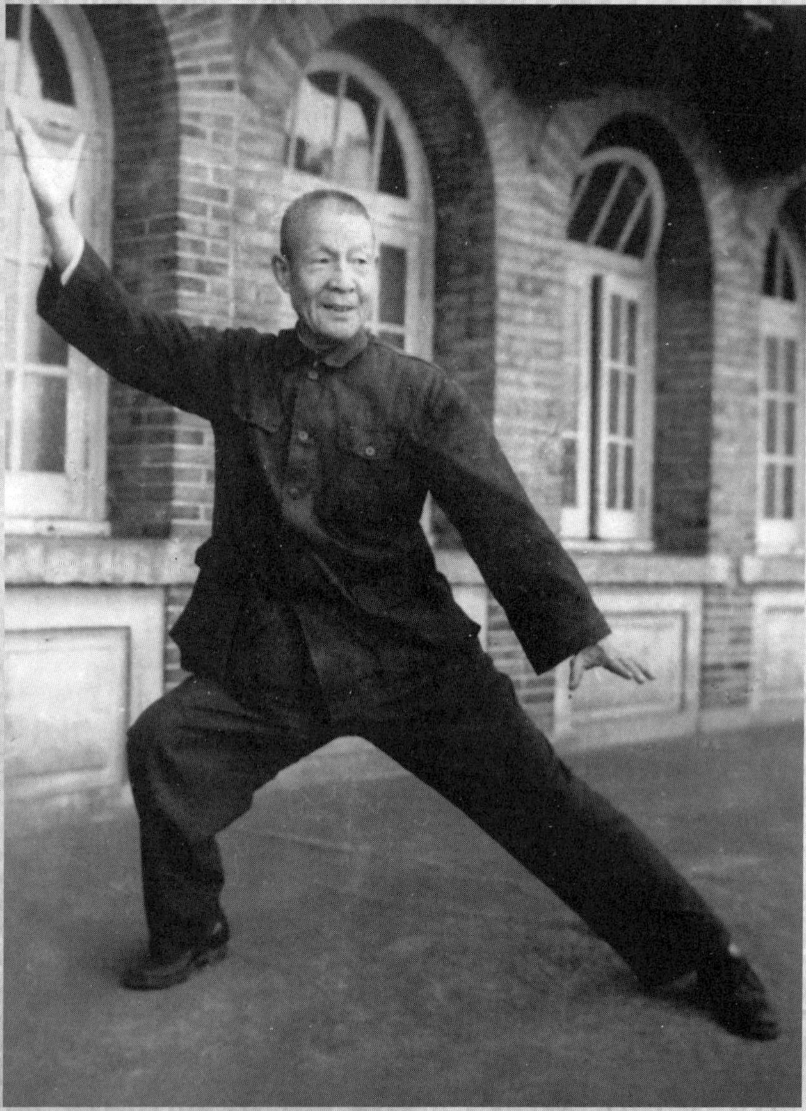

理精法密为太极门之鸫天且因研究之独到而多所发明[1]不啻为武术界创一新纪元也

杜心五题

校注：
[1] 应为"质明"。

自序

太極拳中興於張三丰先生嘗持拾致於身中武事可以得道之論又復本此義理著於拳經遺留後世其重視此理也明矣聞者莫察幾疑武事功能何能得到聖賢修身之要訣體育效用何能達於修齊治平之大道在未研究太極拳者覺其中未免有故神其說之處然先生由武事得道發為金石之論以亦後之學者當然有其經驗獨到之秘豈可因未窺見門牆遂謂事之不可能千余於甲寅秋月卧病兼旬迨後病愈體弱堪憂因聞太極拳乃最合體育

之拳術遂與張香谷沈壽伯諸同志創設體育講習所於▇前椅子胡同延請太極拳專家楊健侯先生擔任教授健侯歿後由其嗣君兆清先生繼續授課後遇陳家溝陳長興先生之曹孫陳法科[1]先生擔任教授丙長後不特身體完全康且較曩日爲壯也惟人之性情在病時只求體健及已健矣則又移其意志於技擊之中矣蓋技擊中含有勝負變化之關係可以試驗自身進境之如何且可引證其理以明人事之成敗易起興趣使人耐勞而有恆試以此原則施之軍事則與戰略戰術全無二致倘採取拳

校注：

[1] "陳法科"，应为"陈发科"。

中練身推手之理論施之政治則與修己治人之政略運用亦同一理若推其可以適用之理因人與人之對待無論中外古今祇有一理一人如是眾人亦如是推之國與國亦莫不如是人能了解太極拳技擊之原理即可證明人事成敗之根由因技擊以練身為本人事以修己為先淑身淑世其道不二中庸云唯天下至聖為能聰明睿智足以有臨也以太極拳理證之此乃知己知彼之懂勁功惟能懂勁方能與人有周旋之地也寬裕溫柔足以有容也此乃仁之德為太極拳之運勁功夫蓋寬則不窄迫而掤勁

自生可以自由施展裕則勁蓄而有餘一舉一動不致猛進而無轉換以受人制之病溫則氣息和平運使安逸旋轉進退可以自如柔則知敏覺靈可以溶化他人之剛暴矣發強剛毅足以有執也乃義之德為太極拳之捲敛功夫蓋發乃放之總稱係擊破對方虛弱失中之勁強乃捲之總稱為沾住對方之勁使之不得不就我範圍剛乃內含堅剛之勁使內有所主而富彈性不致為人所左右毅乃沾定一點與人周旋不為人動搖以移其定點也齊莊中正足以有敬也乃禮之德為太極拳走架子之自衛功夫蓋

齊則不凸凹不致孤軍深入為人所陷莊則不浮乃能沉着其氣從容應敵中則不前不後不左不右居中以制外正則不偏不倚不俯不仰安舒以支撐八向也文理密察足以有別也乃智之德為太極拳之化勁功夫蓋文理密則錯綜不紊可以起承轉合變更其用理則推量對方之當然動作順引利導預以應之密則緊湊不漏不致有空隙為人所乘察則動審慎問可以明辨勁勢之如何也余嘗細繹其旨中庸學理可作奉經則奉經亦可作為立身之道矣而其尤應注意者用仁必以容為主用義必以執為先用

禮必以敬為本用智必以別為根莫以明其然耶蓋能容則勁能走化而不斷能執則勁有沾黏而得機能敬則頂懸胸含而靈明能別則勁別分清而有備然後沾即是走走即是沾知己知彼清明在躬豈非太極拳最高之造詣何一非君子持身處世之大道于學者能深悟此理為競爭世界不可缺之利器有益於身心則人又何至不願習此仁義禮智以修己治人乎鍛練日久習與性成設或行為稍有隕越不難因奉理成敗關係而立時自覺其非不期而然進於道矣此即張三丰先生格致於身中武事得道之

理譯譯以教後學之經驗談也若徒以體育技擊視之未免有負此形而上之太極矣海內明達倘不以愚言為謭陋進而教之則幸甚

南通沈家楨序

例言

一、學術一道日新月異古代以神秘堅人信仰者今則以窮理得人欽崇矣時代不同斯學術與講學之法亦異五年前余為紀念七室蔣文佩起見立定志願本科學之方法將太極拳著為一書以表永久哀思藉以追念十六年來患難之侶兼可腦海中對於此拳得一深刻憋然之程序俾練習時有所遵循歷時五載數易其稿因學識有限內中悖謬之處在所難免海內方家幸而教之

一、拳術書籍多說明拳之架子與運使綫路以期讀

者易於明瞭然在初學讀之對於架子愈有極詳細記載之圖書愈覺凌亂而況況狀故欲按照書中圖線以學會拳術之架子實不可能況況太極拳變化複雜難以形容之處甚多更非圖表所能辦到以現時此拳風行全國對於初步架子之學習不患無就教之地因非必需故此編不注重圖樣及運走之線路專注重說明其理俾學者得所參考斯可矣爰名此編為太極拳學而不稱太極拳術者即此意也

乃太極拳創自何人因歷時甚古無從查考按太極

拳譜所載在張三丰先生時精此拳者已有多人
讀先生遺留論中有云係唐代許宣平氏所傳下
至許宣平受自何人無從而知可見此拳已不可
考學者似不必過為推求惟須認識此形而上之
之學理即姿勢不同亦可稱為太極拳不然即姿
勢著數完全相同而運動不按其理亦不得稱為
太極拳此學者宜認清於未學之先也
 教授拳術之人徃徃①是己而非人初學認識有限
頗有無所適從之苦在他種拳術如果各執一是
誠無人判斷其所授方法何者為是矣在太極拳

校注：

❶应为"往往"。

則不然因此拳為古之文人學士所鍛練遺留多數拳譜其中如王宗岳先生之工心解太極拳論等均為此拳精華所在且已公佈於世無論何派太極拳家莫不根據其理作為練習南針學者如欲練習此拳得到精深孟處似宜將此項拳經熟讀於心逐勢審查自有進益故特舉出以資注意

5. 練習太極拳主要在練習掤勁平時走架子之功夫無非使此勁特別加大耳因此勁乃人身舉止動作不常用之勁非專練之不可得此因無掤勁在身何能迎人之勁何能化人之勁既不能迎又

不能化安能稱為技擊哉可見此勁在技擊上之重要性矣即呼太極拳為掤勁拳亦無不可如勁在臂之上面外面者均為掤勁若轉至下面內面者則呼之為攦勁矣按照拳經此掤攦二勁必須互相轉換其轉換線路務須成螺絲形以環繞之方不至因轉換而中斷致為人制所以呼之為纏絲勁并且此種旋轉關係內中務須包含捲放功用有捲放乃能捲得人起放得人出方合技擊之精神若推其所以能起能出之理必須在捲放點有掤勁而聚貼之方可發生沾黏能沾黏得住而

後旋轉之捲放功效始能生焉惟此項捲須全身捲而放亦須全身放不然徒在一點上抹口擦口安能得收捲放之功用乎所以要捲放必須全身節節貫串周身一家乃能達到捲放之真功用惟真能行捲放之動作時往[1]口重心不能安定致越出邊足之外則支撐點淳於是俯仰傾斜生矣而自己根亦連帶而斷矣以無根之物自不能實行捲放此所以必須立身中正安舒以支撐八面方可固其根不致因捲放而根自浮斷惟此種中正安舒功夫一經做到則不免有遲重之虞故又須

校注：
[1] 应为"往往"。

頂勁虛懸以提起精神減輕其量而後乃有輕靈之趣乃可去此重病也是以練習太極拳無非以掤勁為主因掤勁而練其餘種。姿勢運勁之限制無非便利掤勁而生也如果練習架子硬直而無掤勁轉換掤擾時又無纏絲此乃硬拳如果練習架子虛柔內中空。無掤轉換時勁別不分又成滑拳矣此兩種過與不及之病一係無掤勁可言一係候硬鼓勁而以為掤勁此不能認為太極拳之故也

6. 彈勁乃技擊家獨有之勁亦係攻守最安全之勁

若考此勁所以能彈之理須勁之本身含有靭性

如弓之背而此靭性又係生於掤勁此太極拳所

以以掤勁為主要之理非待掤勁宏大時不可練

習彈勁蓋以硬木式或橡皮式採作弓料決不能

發生此種彈勁也此勁又可稱之為反動勁此種

反動勁因受外界壓迫或自行曲蓄而後彈性得

以脱扣而出故欲練習全身有彈性又須全身各

節有掤勁能接筍以貫串如一方能生整弓之效

也如果練習太極拳以技擊為念者似不可不習

彈勁決無未練習彈勁而彈勁自生因有彈才可

校注：

❶ "象皮式"，应为"橡皮式"。

稱為擊也考彈勁之支撐點雖在足根而其作用則在雙臂人之臂係生於身體之一邊故用彈時須雙臂相繫方得平衡蓄發之機則在脊背并須開跨以接腿部沉肩以接臂部然後周身一家發出之勁方能有中正之望不特自身感覺勁能達到手臂之一點如弓之脫扣即傍觀者亦覺其發出之形儼同彈簧之外繃也

了太極拳運動內中無不包含開合之意有合即有開有開即有合然此開合并非雙手分開雙手合住即稱開合也因為開時勁之線路須由足根運

校注：

❶ "开跨"，应为"开胯"。
❷ "傍观者"，应为"旁观者"。

至于梢合時勁由手梢回歸足根欲求實現此點必須圓走時于成四十五度之角度無論上下左右前後莫不如是換言之即一舉一動每著均須斜行以成圓設或平行畫圓則將自己之足根牽動而為浮轉矣若豎行畫圓則肩節折斷臂無掤勁周身不能一家矣是以練習此拳者必須牢記運轉時無論如何姿勢雙臂須在四十五度之傾斜以成圓而後合時則勁可自然歸於足根開時亦能達於手梢乃為太極拳真正之開合也

8.現時風行之太極拳均不出楊陳武宋四家之傳

除宋家外莫不發源於陳氏而先以楊家所傳者最為風行然因輾轉相傳同為一家所授不免有多少相異之處而生出各派各家之名詞此指專練太極拳一門者而言至於本非專學太極拳者則其運勁時於無意之中難免不將原練他種拳術之勁及身勢攙和於其中其形勢不同自在意式樣既多學者頗疑太極拳有若干種類其實太極拳主要在勁不在形在姿勢中正順遂不在着數花樣多少即同一師授其架子亦有開展與緊湊之分此為程序問題譬如在小學時代宜開展

其姿勢鬆柔其勁至中學時代宜緊湊其姿勢而剛彈其勁若至大學時代所有動作又須開展與際茲相間矣學者經此三期當然有三種不同之變遷由小學至大學無論何種學術決不能用一本教科書也明矣此觀察者應辨明其時間不得以形勢不同而岐異視之也

9.練太極拳者當眾表演時往往①以慢柔虛靜之勢示人以為文雅不願以個人獨自練習時之精神公之於外久。行之致社會上成為一種風氣以為不慢不柔不虛不靜不足稱為太極拳矣其實

校注：

❶应为"往往"。

此種觀察最易錯悞蓋太極乃兩儀所合成其中有剛柔虛實慢快動靜之變換二者缺一不足收太極拳之功效兩者能互為其用乃可得到太極拳之根本精神若學一章一有類單足其何以行之哉故世間決無柔太極剛太極之說學者宜認清此理慎勿為時俗所矇蔽以致進口成為一儀之太極也

10 太極拳第二趟拳注重在剛勁在彈放其放勁原理雖屬曲中求直其性然發出之線路仍係鬆開其勁節○接筍導螺絲形以彈出之此與其他拳

術擊發不同之處應特別辨明故欲學第二趟拳非待第一趟已有相當功夫後不可學此蓋第一趟之圓勁未曾練成習慣即學第二趟雖能走之必致顧此失彼流於硬直有失太極拳之真意矣雖然此趟不可不早練究不能不練蓋第一趟中有所缺欠者賴此以補充之若如何進入他人圈內而生沾黏及沾黏後又如何發放此乃第一趟所不注重者此趟則盡力發揮之其中以四隅手居多所以有抖躍掃摔等勁以期得技擊上完全功用現時太極拳所以被人認為體育式之太

極者因其常見寬裕溫柔之第一趨而未見此發強剛毅之第二趨是其原因之一也

八太極拳功夫係產生於架子太極拳架子外部之前後高低左右進退內部之開合捲放神氣鼓盪可謂式口俱備節口貫到極盡編組完備之能事因為由此所得之功夫係各方面者而非推手式之偏重於前一方面可比如將架子學完已能走運者切不可自存已會之心而不求改正蓋太極拳之架子運走易而正確難不能正確則收效甚微有失學習此拳之意矣故欲架子正確必須有

長時間之指正有師在傍指點至少需三年之久非待動作已有規矩身體間已有感覺及習慣後不可自行鍛練不然勢必於不知不覺中愈練而變樣愈其結果形成似是而非之太極拳矣

凡練太極拳者最好有二人以上同時學習之不但容易引起興趣可以得到互相磋磨之益且因在傍能觀察授學兩者不同之點以自行改正此比較容易領悟若至推手時有此同等程度之同學互相試驗此較與程度高低不同者又易於進步此習太極拳者應注意至少有二人同習之理也

校注：
❶ "有师在傍"，应为"有师在旁"。
❷ "在傍"，应为"在旁"。

太極拳練習

第一級 走架
此級力求動作順遂，鬆關節，運便圖活虛領頂勁沉肩開胯①

第二級
此級力求三種主宰符合②，分清四正四隅之勁，兩膊相繫，兩腿相隨

第三級
此級力求變換慢快柔剛，斷接輕沉，神氣收歛入骨

第四級 子
此級力求四正之勁表顯於外，四隅之勁繼長增高，神氣鼓盪，運發俱備

第五級 功
此級力求以心行氣，以氣運身，審重用身有無，離開掤勁，修正缺③陷，以示周身有膨④勁之氣

校注：
❶ "沉肩開跨"，應為"沉肩開胯"。
❷ 應為"主宰"。
❸ 應為"缺陷"。
❹ "膨勁"，應為"蓬勁"。

習進行表

第六級 此級力求緊湊姿勢，四正之勁收斂於內，增進氣之運行速度，以本周身一家。

第七級 此級試驗八門之勁力求內中發生病。

第八級 推治黏連隨四功禁止頂匾丟抗四病能舍己從人禁止自動。

此級力求進一步使用空結挫揉。

第九級 功接四此級再進一步力求不生俯仰斷。

此級手四功以令自身得機得勢。

第十級 夫進節拿抓閉四功以知己知彼。

此級又進一步研究尺寸分毫加。

第一集 運勁完全為體育論

第一章 緒言

第二章 太極拳與精神修養

第三章 太極拳與健全體格

第四章 太極拳與氣功及丹田

第五章 關節運動與生理之關係

第六章 單式運動與氣功之關係

第七章 成路運動與精神之關係

第八章 老弱與神經衰弱者之練習法

第九章 結論審查太極拳之方法

第二集 發勁傼技擊之根本

第十章 專修發勁之理由
第十一章 練習發勁之時期
第十二章 發勁與用着之異同
第十三章 指掌捶之專習
第十四章 發勁根本與重學
第十五章 八門五步之單式發勁
第十六章 太極拳第二趟發勁拳
第十七章 捲蓄放發與十二字訣
第十八章 結論發勁與技擊之關係

第三集 懂勁乃知己知彼說

第十九章 研究懂勁之時期
第二十章 常時畫圓揉手之利弊
第二十一章 沾黏連隨與頂匾丟抗
第二十二章 化勁與空結挫揉
第二十三章 懂勁與斷接俯仰
第二十四章 懂勁途徑之專論
第二十五章 四正推手與五項定理
第二十六章 八門推手之方式
第二十七章 氣功試驗與繞絪勁推手

第二十八章 結論懂勁之程序與小腦

第四集 隅手與用著法

第二十九章 太極拳之擒拿術

第三十章 太極拳之進圈法

第三十一章 四隅手對待之方式

第三十二章 四隅手應用之時期

第三十三章 太極拳與武當拳之對照

第三十四章 十段錦之散手與尺寸分毫

第三十五章 太極拳三種主宰[1]之合論

第三十六章 太極拳氣功之專論

校注：

[1]应为"主宰"。

第三十七章 較手時心記之五字訣
第三十八章 結論太極拳修練功夫之程序

第五集 架子與修審法

第三十九章 太極拳架子之研究
第四十章 架子內之注意點及易犯病附圖一百十四幅
第四十一章 有意義之走架子
第四十二章 架子內之十八種練步法
第四十三章 慢而快與快而慢
第四十四章 連而斷與斷而連
第四十五章 柔而剛與彈性之關係

第四十六章　輕而沉與哼哈之關係

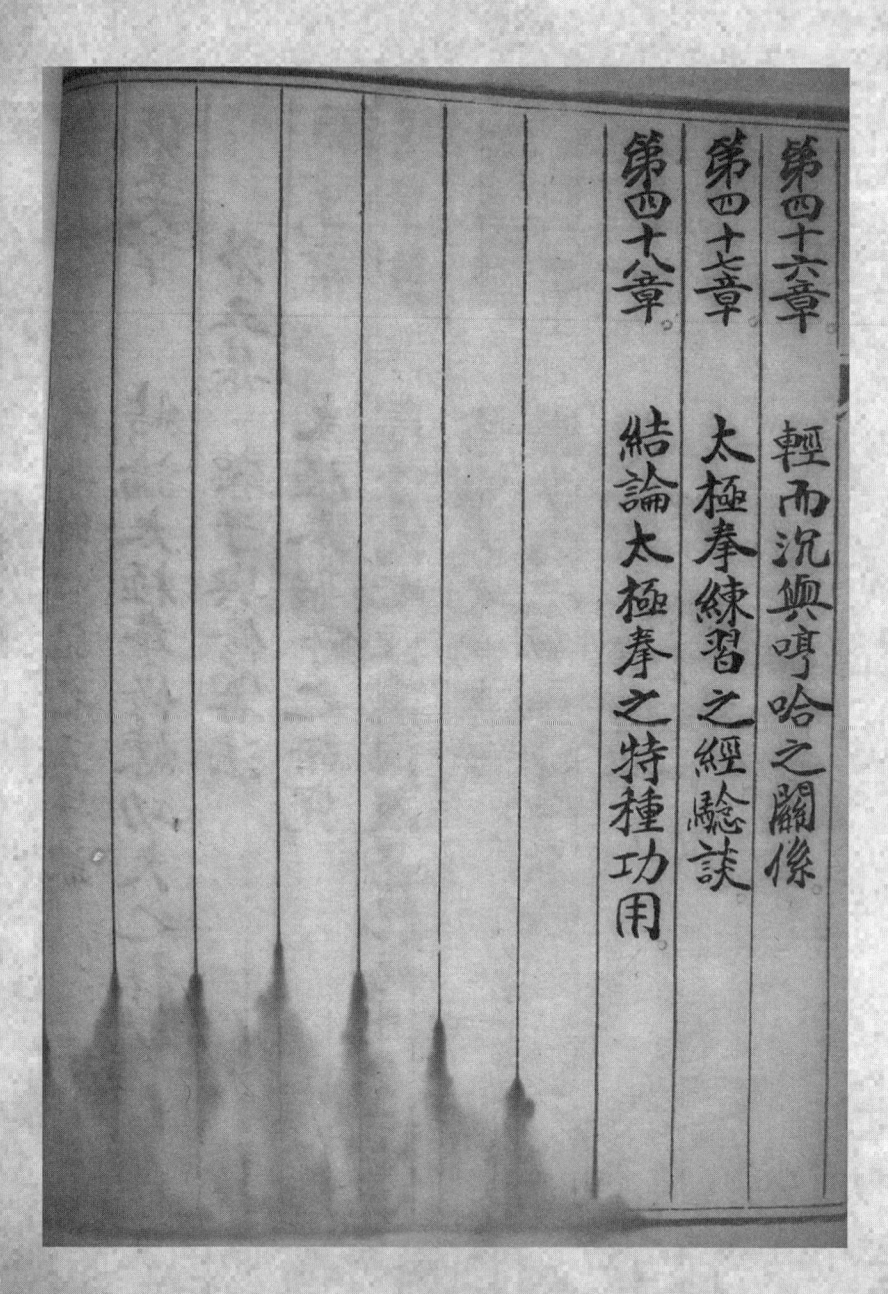

第四十六章　太極拳練習之經驗談

第四十七章　結論太極拳之特種功用

第一集

第一章 緒言

曰九一八事變以來國難重重我民眾極思有所建樹以期突破此萬難之環境使中國有復興之一日若考建樹突破之法是在我民眾自強不息自強之根本又在新生活之德智體三育俱備如德育之修養智育之運用莫不賴體育為之基礎體育不修則德智二育無所寄託蓋待吾人有健全體格優越精神繼續努力方克有濟也因是我民眾深知復興根本在全國民眾均有健全體格方能獨任艱鉅夙夜

靡懈須有優越精神方能實踐四維運用智能然後羣策羣力秉承□□大無畏精神急起直追以為時代之前驅故□□有健全國民體格發揚民族精神之建議登高一呼全國響應行將見精神委靡之士筋肉衰疲之輩得起沉疴頑廉懦立一雪老大病夫之恥發揚少年中國之光豈不偉哉豈不懿哉惟體格所以得轉健全精神所以得轉暢旺厥在修養而修養之道其廣然決非區區借用藥力之所能①能收效也明矣所謂健全體格者必須筋肉發達心胸開暢臂腰堅實腑力充沛所謂精神暢旺者尤須

校注：
① 能能收效，多一"能"字。

心靜膽壯思敏耐煩人之一身外部有筋肉骨幹身力之訓練內部有五臟六腑精氣神之修養雙管齊下方能在社會作中堅之骨幹在國家居優秀之地位存於己者厚斯達於羣者亦宏此所謂己立立人己達達人個人之修養影響於國家種族者洵至大且切也若同時施精神與體格二者兼修之法則採用太極拳第一集之方式其道莫由因是不揣冒昧抱定打破太極拳歷來神秘之學說代以現代科學之精神就歷年研究所得介紹於有志體育者之前譾識淺學固不免大雅之譏倘邦①人君子聲應

校注：
① "邦人"，应为"帮人"。

氣求起而研究或可藉資攻錯之一助將來斯道日趨光明因獲民強國盛之效斯則不佞之所馨香禱祝者也

第二章　太極拳與精神修養

精神合一為人身之靈府也科學家名之為心靈瀰漫六合磅礡無垠千變萬化隨物寄寓精粗表裏一以貫之此之如陽光空氣更難捉摸而人之軀幹為一種至妙至精之構造所寄託之精神亦晶瑩无潔至高無上充滿全體毫毛畢具其因應指揮則屬於腦神經譬之全體神經系為電話線網也其腦神經

者則為電話綫之總交換機也以電綫網嵌藏人身能否發電活潑靈敏通行無阻用之不盡取之不竭是在總交換機之是否捷敏電流是否適當為斷蓋人之一身事業惟司網機師是賴司網機師之謂何即釋家所謂靈魂也佛也儒門之所謂理學也意志也司網機師如何能達於至善之地以及勳業道德而至聖賢仙佛之地其進境如何非拳術範圍本篇暫置勿論現今所研究者精神網如何能使靈敏活撥堅強健旺以待司網機師之應用毋使其所使機械不堅交換不靈電流不充致機師有偉大之意志

校注：

❶ "一身事业"，应为"一生事业"。

因為機械所限而不能担任偉大之工作觀夫近日社會上多數優秀份子終日埋首案上枯坐室中筋骨無伸張之會精神無振刷之機以致體質日弱精神日頹以十年求學之功滿懷濟世之志居有瀛之地竟因體氣衰弱精神不濟不能展其抱負沒世無聞豈非人生最可痛最可悲之事乎昔孔子七十而從心所欲即此司機師與其所用精神網雙方達於完全無缺之時如精神網能聽司機師之自由支配不懼狂風暴雨折其線路不畏天崩地裂轟震其總機然此項希望處今之世羣雄角逐世事滄桑環境

校注：

❶ "优秀份子"，应为"优秀分子"。

壓廹乘隙而入足使原有精神受傷而有餘裕當此
時山項司機者應先未雨綢繆防患未然使精神網
不為風雨所摧殘并應增加其電力使精神網機械
堅強安放機械於地基穩固之上雖間有發生障碍
得立即修理不至陷於無可收拾之地希望及涵養
二者保護精神網之外皮也太極拳之運勁即加增
精神網電力之法則也電力既加精神機械自然堅
強外皮偶為風雨所侵即希望不達涵養不深亦足
以抵抗一切隨時加以修繕便可臻於完善矣精神
機械雖強當使安於堅固地基方不致機械稍有損

害即傾倒入地致電流四散歸於無用所謂堅固地基者即吾人之健全體格也至先修地基或先製電械手續雖有先後區別但二者不可偏廢也明矣

太極拳第一級之主旨在精神與體格兼修以太極為身心性命之學也蓋人之一生主宰繫乎一心心者君也發號施令者也身者臣也服從令者也健全體格也發號施令者有乾剛獨斷之明服從令者方能收指揮如意之效蓋天君泰然百體從命之故也故曰有健全之精神方獲健全之體格有健全之體格方能使精神有所依附而趨暢旺

校注：
❶应为"主宰"。

同時一方使其含有愛靜之體質而趨於動一方使其靈動之精神而歸於靜去力而用意動中而求靜具見精神與體格二者誠不可須臾離也昔張三先生有言曰拳術有如佛經亦有上中下三乘之別以養精練神為文以手舞足蹈為武所謂上乘者文武並進也中乘者因文而及武或因武而及文也下乘者祇知文而不知武或知武而不知文也云云知武不知文所謂血氣之勇也（另章專述之）知文不知武亦有流弊嘗見其精神修養之士精神常常強制定靜久之變為痴呆耳目機能反不如初練時靈敏

治事能力亦日漸退化趨於消極時作世外桃源之想甚至曲背癃足神經成病殊非完善之道良可慨也以張三丰先生本以道家著稱於世其練丹打坐之論見於史乘不可勝數對於精神修練迷有極深奧之理論決非普通拳術家徒執入主出奴之見者可比所定拳分三乘之說當係由雙方經驗而來該時宋遠橋先生曾得口授張三丰老師之言其言曰予知三教歸一之理皆性命學也均以心為一身之主宰也保全心身即永有精氣神也有精氣神纔能文思安安武備動動安安動動乃文乃武大而化之

校注：
❶应为"主宰"。

者聖神也先覺者得其寰中超乎象外矣後學者以學先覺之所知能其知能雖為人固有之知能然非效之不可得也夫人之知能天然文武目視耳聽天然文也手舞足蹈天然武也孰非固有也明矣前輩大成文武聖神授人以體育修身進之不以武事修身傳之子及此傳於武事然不可以末技視依照體育之學修身之道性命之功聖神之境也夫如是予授之亦終身用之不能盡者矣予得武繼武必當以武事修身傳之也修身入音無論武事文為成功一也三教三乘之源不出一太極願後學以易理格

致於身中留於後世也可云云按照上列遺留之論各教統一修練之法在用體育修身之道而在張三丰先生之太極拳則以武事修身之道代之此手續上之不同而成功則一也考修練精氣神主旨本有坐功行功站功臥功之分而能使心身同時並進者則仍以行功為上乘之修練法也此太極功呼為靜行功以求別於各家之靜坐功也茲將行功與坐功不同之點作一此較其入手之難易效用之大小流弊之有無願海内精神專家一研究之

(一)靜坐功　對於精神不統一時用數息法調馭之

精神不能靜止時往往[1]勉強制止則精神受傷矣

(2) 太極靜行功　對於精神求統一之法係外部用肢體運行開合升降內部沉著行氣用開呼合吸數息法內外表裏精粗無須調制自歸統一運使時腦中虛靈定靜精神統一純出自然也

(3) 靜坐功　使身體端正寬衣解帶不使筋肉受拘束之苦惟久用盤足而坐易致麻木耳

(4) 太極靜行功立身中正安舒支撐八面運使順遂節節貫串不受絲毫拘束之苦

(5) 靜坐功　胸部微向前伏使心窩向前落下丹田

校注：

❶应为"往往"。

〇一三

安定

(6)太極靜行功 含胸拔背氣沉丹田亦係使心窩下降丹田安定

(7)靜坐功 謹防易生雜念耳不求聞目不求視久之聞視遲鈍漸失靈敏

(8)太極靜行功 內以心行氣外部有肢體運動耳目無須防範雜念不易侵入如人之工作忙時雜念之不應此精神專注乃自然防患雜念之道也

(9)靜坐功 有內視法即使心靈在體內巡行以免發生妄念

(10) 太極靜行功 有聽勁法即以意行之周身无礙五心相應環繞全身如神龍遊空之概

(11) 靜坐功 呼吸法有二曰正呼吸曰自然呼吸呼吸注重在深而長便其易達下部

(12) 太極靜行功 用自然呼吸(行氣如九曲珠深微而長以身體起落開合為之助亦使氣易下行於丹田

(13) 靜坐功 以精神之力改造身體兼保護之

(14) 太極靜行功 以精神身體二種功用互助之如有精神不易進步者則以身體運動補助之如有

身體不能行者則以精神力量支配之雙方協助事半功倍

(15)靜坐功　性質傾向消極鍛練在節流延長

(16)太極靜行功　性質傾向積極鍛練在開源增進

觀以上兩種修練法其目的則一乃求精神統一不為妄念侵害使丹田安定而已此佛家所謂背妄歸真得歸正果也

茲錄精神專家因是子學說以證太極靜行功之動作最有益而無害適合修練精神之主旨其言曰事修者因吾人之妄念無非從身口意三業而起若三

一〇一六

業並用則妄念無由而生試就目前之事取一以證明之如吾人看書或聽講時雖一心專注而有時忽萌雜念此何故因看書聽講僅用意業也若寫字時雜念絕少此吾人日常經驗所知者何以故丟寫字時兼用身意二業也若三業並用則妄念不求除而自除矣故各宗教人事修身拜佛手持念珠即用身業念經即口業一心對佛即用意業其妙處與其歸着無非對治妄念背妄歸真起出生死而已云云如在佛教所謂身口意三業并用之説以念經一業在三業中爲最重要心中如有雜念口中

即念不成句矣惟對於身之動作如拜佛持珠敲木魚等類俱均一連貫之動作如稍不注意亦能連貫而敲蓋此項意念為附屬念經而動也惟念經時不能將修練根本之調息法同時加入混合而練之是為一缺點耳故靜坐調息念經時自念經耳如太極靜行功之運架子即代替念經蓋練架子時如有妄念則所運姿勢即不能成路矣且姿勢與呼吸相激盪即是將最重要調息一項已加入其中矣一心對奉即用意業也是以太極靜行功之三業為身息意三項同時並用耳因其將靜坐調息

法與治妄念之事修法同時鎔於一鑪此張三丰先生不以體育修身進之而願以武事修身傳之故也況精神主要在活潑無滯心中不着一物無呆相無滯相虛靈定靜變化萬方故太極靜行功須精神能提得起則無遲重之虞所謂頂頭懸此意氣須換得靈所謂變化虛實也分之則動合之則靜神舒體淨刻刻在心此精神與體育同一注重動靜之理也如身體常靜而不動則其人決不能強健而活潑山人之通知此然精神亦獨不然若衹靜不動而不用而又不發揚之亦决不能使之健旺也世間萬事萬物均

同一理也蓋萬物苟含有動靜之理虛實之分或能靜而不動或能動而不靜則健旺而非長久之健旺也況本非健旺而欲求之健旺豈可靜而不動專攻一途所能收效乎此太極功之精神不同之點動則現靜則隱開則發揚而先大合則收斂而隱微精神靜則隱開則發揚而先大合則收斂而隱微精神腰拔背活發無滯有金剛努目之慨精神隱藏則形如矯兔之駭神似捕鼠之貓懸頂提項鬆如矢矯之龍神似安逸之鶴輕靈柔軟身手相忘孤心冥往有菩薩低眉之狀如是一動一靜精神一放一收因放收而活動有如電機因摩擦而生電其精

校注：
❶应为"孤心冥往"。

神力量自必日益加增矣當見多數太極修練之士練習數年後自覺精神暢旺毅力堅強多有悞認精神為體育強健後連帶而生之結果殊不知太極拳中所藏精神修練法與專修精神者相暗合一舉一動使精神而發揚以體格為補助故能容先煥發雙目如電暗合者尚且如斯倘果認清功效勇邁前進虛靈定靜沉着鼓盪則太極靜行功決非其他靜坐功所能望其項背者也處玆世事紛披環境几累之際若精神不健則治事難達靈敏而精神易於昏憒因應難期周密對事依違兩可不易澈底實為人生

苦痛而急切莫能救濟者也倘能用太極功以動靜之機以身息意三業之事修磨練精神涵養心性則精神綱及外皮日以強固何懼風雨侵凌外皮既不受侵凌而生影響則體健神完氣充詞師所治之事則因應咸宜實為家國之幸也

第三章　太極拳與健全體格

人之一生由襁褓而至少壯由少壯而至老死除去染有重病不能行動外其身體固無一日不在運動中也運動之多寡每因年齡性情職業而有差異故吾人每日所營之動量不免常起變更未能有準確

統計若就人體重及時間單位而考察運動之量則知在兒童時及幼年期間為最大中年期次之老年期為最少吾人身體發育固由自然而成但運動與環境亦有密切關係如人在發育期倘長時間不事運動縱令衣食住三項充分適宜而消化系吸收血液呼吸關係及新陳代謝作用莫不日就沉滯因之身體上各項機能及抵抗能力亦日就薄弱同時在發育途程上必不能完全達於高點是知運動關係於人生與空氣日光食眠等同一重要而為保全生命維持健康所不可缺少者也

運動者能使身體內細胞及各種器官組織作用向上提並促進呼吸順利及血液循環增加體內燃燒諸種之利益蓋人能有一適當運動可與身內細胞以一定刺激俾未成年者因此而增加體力使之易於發育其為生理上一種最有力量之要素即已成年者亦能維持原來之體力并保護身體不為疾病所侵常享健康之樂雖然倘運動過激或操用不正當運動則較此不運動之害或且過之類如街頭人力車夫與運動場內千碼選手往往[1]因運動過甚疾病暴發轉致傷生是皆失體育原意若太極拳之

校注：
❶应为"往往"。

運動中正和平不激不烈有運動之益無運動之害實為老幼鍛練體格最適當之一種運動也茲分項說明之

人之動靜兩脈血內含有炭酸若血液流行不良則血中炭酸蓄積因而致疾如運動時因呼吸關係血內所含炭酸則自然減少若行深呼吸更能使肺之換氣佳良炭酸目血液體液及組織內驅逐向外若呼吸緩徐而深則炭酸可自體內排除殆盡血之粘度赤血球白血球亦莫不連帶增加所以太極拳行氣如九曲珠實行徐而深之呼吸以心行氣以

氣運身務令沉着順遂使血氣循環活潑無滯遇有阻碍能沉着壓迫強行通過以洗刷之不致因停滯而生疾病之苦此刻於血液循環者一也

人苟欲保心臟得永久強健使其能寧增進無窮則對於心臟亦須有相當之鍛錬鍛錬過甚則易起心臟疲勞等疾故須令心臟有鍛錬而不過甚微起擴張動作使受納排出之血量增加故心臟有擴收力量即至老年依然可得健全之樂一方並令脈搏宏壯而不急則自然能收強健心臟之效太極拳運勁如抽絲發勁如放箭連而復斷斷而復連往復有摺①

校注：
①应为"往复"。

叠进退有转换静如山岳动似江河收即是放放即是收一动一静一起一落能合心脏起顺利扩收作用动而不疾无使心脏受疲劳心悸之苦因徐行转运故脉搏宏壮而不急烈①此利于心脏作用者二也

人类在生理上全赖心脏肺脏而活动二者亚重肺脏容易损坏市上染疾病者实繁有徒肺脏之良否则与呼吸有连带关系若使呼吸安静而深长不但促进血行使新陈代谢日趋旺盛直接可保护及扩张肺脏且增进胸廓之弹性故胸式深呼吸时应有最适当最便利姿势以补助之太极拳胸藏八法足

校注：
❶ "急烈"，应为"激烈"。

〇二七

趺五步所謂中正安舒支撐八面此為最便利肺臟之姿勢氣以直養而無害況行氣如九曲珠呼吸既深且長肺臟極形膨脹胸部擴大而舉上則呼吸氣及肺活量自然十分增加矣其結果胸部發達臻於天賦最高點在生活上得建增大活動力之基礎矣此利於肺臟張禽者三也

在消化期內若舉行強烈運動則妨礙食物自胃移動於腸中而尤在消化初期為最甚故拳術家禁止食後運動以免傷胃如在平時太極拳注重腰腿二部份❶作緩和式運動以運腰脊為第一❷主宰鬆淨圓

校注：
❶ "部份"，應為"部分"。下同。
❷ 應為"主宰"。

活可使腸胃中興起刺激性提高胃體直接於胃給以壓迫壓迫之後又施以弛緩兩種機能互為作用之故遂使胃之運動活潑消化增進且於肝臟之機能亦生極大連帶影響厥為膈作用高提時則肝內血行為增進有使全部新陳代謝活潑無滯同時並可促進膽質之分泌消化作用此利於胃臟消化量者四也

太極拳久經鍛練則遍體活潑兩臂沉靜氣血收斂入骨使其營養發達骨節內石灰質與膠質調和適度骨堅沉而富於彈性週身靈通天矯遊蕩則骨骼

紫常受擦磨其質成為緻密堅強靱骨之重量則特別加重對於外向抵抗力亦曰形增加且立身中正脊柱無傾斜之虞骨之中心更加堅強此利於骨骼堅強者五也

人之全身活動悉因肌纖微[1]之伸縮而發生效力又與靱帶軟骨共同支持骨骼使之堅固並使其位置整齊為規整內臟機之維一組織[2]也蓋肌既為運動及勁之發生機關同時為體格及健康之基礎肌之作用全靠伸縮力伸縮急速與緩徐兩者並用其緩徐者能增進肌之營養而促其發達之度為大若更

校注：

❶ "肌纤微"，应为"肌纤维"。
❷ "维一组织"，应为"唯一组织"。

能以緩徐且連續運動則更為有益故欲鍛練肌戍敏活作用性者須徐須緩實不可缺然急速運勁亦為有益可於神經機能一項有特別之價值是以欲求得合法鍛鍊肌者一方面課以徐緩運動以而為牽引性之運動同時并課以急速運動則對於肌筋可稱極完備之運動矣此太極拳蓄勁如開弓運勁如抽絲且繼之以發勁如放箭曲中求直蓄而後發也有徐有疾此所以利於肌筋伸縮者六也

人之關節靈滑❶須將關節內運動領域鬆大則各種動作輕快舉止靈敏太極拳一舉一動週身俱要輕

校注：

❶ "靈滑"，应为"靈活"。

靈尤須節節貫串其根在腳發於腿主宰[1]於腰歛入脊背鬆於兩肩通於腕掌形於手指週身運勁如百煉鋼關節一項尤有特別價值如關節靭帶及關節間輭骨與關節囊之附着部等自然加增彈力性矣如在中等年齡欲防止關節裝置因石灰質沉着致關節强硬不靈者則太極拳運動尤為對症下藥此關於關節靈活者七也

皮膚若遇寒冷即行收縮皮膚之溫度趨流於體內各部因而水分(發汗)及熱之傳導力皆為之減少若寒冷更甚則立時毛肌收縮皮膚遂生粟粒在運動

校注：
❶应为"主宰"。

家以久練之故能使食慾亢進消化作用達於高點而兼能促進皮下脂肪之附着故對於寒冷之保護機能又為之增進雖隆冬裸體與冷氣相觸亦視為泰然蓋皮膚毛細管收縮活潑皮膚之調溫機能於是有極完備之作用同時體內燃燒皮膚冷却情形亦自然較少矣反之不行運動者其代謝作用必沉滯溫度發生必薄弱毛管收縮必遲緩即多穿衣服外出於嚴寒之際亦易受感冒之疾矣太極拳之運勁多數為磨擦力性其功效能使皮膚發生感覺力皮下脂肪附着增進則皮膚抵抗力自然堅強不易

爲寒氣所侵入此刺於皮膚抵抗性者八也

倘人之身體內各機能均能充分發達如上論各節其身體高不健全者未之有也觀現時所用機械如汽機爲鋼鐵製成者居多可謂極堅剛之能事矣然往往亦發生障礙而全部停滯蓋機械自身無知覺能力倘於微有停滯之時即時加以修理而洗刷之則自無全部損壞之虞矣若夫人之生理機械爲柔軟脆緻之骨肉製成者無論如何堅強決不能比之鋼鐵中途發生障碍在所難免惟人有知覺能自知停滯之道隨時加以洗刷否則疾病自必叢生若夫

致病之現象第一步即呼吸短促體溫加高脈息加速現象雖有三種而歸納仍在第一步血液循環變常耳以氣生於血血速氣亦速也果能將氣之速度仍恢復原狀則血液循環自然連帶恢復血能恢復則脈息亦歸還常度脈息如常則呼吸自平呼吸平則疾病自愈故歸根原因在氣此氣可稱為身體健康之主宰❶一切生理上現象均歸其支配欲使氣常保持其平衡度數而不變當時使氣來回鼓邊來回沖著洗刷方可掃除管內一切障礙此種掃除法必須在氣之外有一種管理氣者以發令並須使氣

校注：

❶ 应为"主宰"。

歸於循環以外之一點一收一放如舊式鐵舖內之風箱以吸收掃除管內壅塞去病之障礙方能使各部分機能活潑無滯得收調節之功而充分發揚也所謂指揮氣者即吾人之精神耳所謂循環以外之一點者即丹田耳此種掃除障礙法亦可呼之爲精神治療法精神治療已越過拳術範圍之外因此種治療尚須其他種種手續方克有濟[1]本篇暫勿置論惟應供研究者氣因何而歸丹田即能去病成爲內壯之功不受生理上發生障礙之苦幷丹田在生理上又係何物何以必須氣沉丹田方可在技擊上得

校注：
❶ "方克有济"应为"方可有济"。

建極大功效此為拳術家所應研究者尤其素以氣功為主之太極拳更不可不知蓋不知氣之歸宿點安能得行氣之效運氣之本延年益壽之方手

第四章　太極拳與氣功及丹田

氣者精神體育雙方調和之利器也屬於體育為一種內理自然運動也惟一功用使身內各部份機能有敏捷感覺與靈活以適合對待人雖生理上運動有各種法門之不同而其主要注重點全為練氣一種而練也所以太極異於各家者亦有此種初步練習法即以氣功為入手第一步エ夫①暫不計其他

校注：

❶应为"功夫"。

〇三七

技擊上如何專在練氣上認真注意一舉一動莫不以氣功能增進為依歸能完全為終的務使氣之鼓盪靈活日漸進盆待有相當成績後方再循序而進其他技擊上之修練也少林覺遠上人曾云綜之技擊能致力氣功神化之學對於擊搶使棍不甚注意者此技擊之上乘法門也云云可見氣為技擊之中心為知己之主宰其重要可知然則氣果為何物乎在生理上又係何項組織實為打破昔時神秘學理所宜急切研究者也

氣者血液內氧氣也故研究氣之先又須研究血液

校注：
❶应为"主宰"。

蓋氣血之由來有互相之盈虛有互相之消長血中有氧平均比例言之約佔百分之二十惟個人身體強弱不同氧亦因之各異緣赤血球與血色素含量因人各異故也故練有氣功之技擊家其血中所含氧量約計若干比例現時未有專門練氣士供醫院詳細解剖未便臆斷然可預料必可增加而不致減少也若練習深長呼吸及柔軟運動者在生理上可使血中氧量加增可使心臟工作增進其原因即由血輸送多數氧量於作用肌肉所謂作用肌者筋也作用肌內氧化作用於運動強度為比例蓋運動時

０三九

流入肌中毛細管壁之血量亦因之加增最高度可達十倍血流循環速度亦特別增大最奇異者血液中氧質能分離血液迅速前行於肌中勢如聲響或離之合均可以生理學中血液流行天然之現象也氣之作用既如斯倘運動時努力帶勁則肌中毛細管加粗凸出血流向四周膨脹流行因之變慢再經過不能膨脹之關節靱帶而再加緩則氣之流行決不能活潑無滯所以拳經有云氣若遇勁則滯之說蓋運使時身腹鬆靜雙臀沉軟將氣激而盪之則可使肌管長而且細肌管長細則氣流因之加速而能活

潑矣在不着力運使時手掌之間覺有膨脹之意蓋
即血量内氧氣迅速流行肌管内自然之結果也亦
即不着力運使氣能暢行之一証也少林覺遠上人
言曰一掌一拳之打出若手一着力則氣有三停一
停於肩穴二停於肘拐三停於掌根如是而欲求氣
能貫透指顛或掌心者難矣至於柔運之力則與此
不同一舉手則全身之力齊赴氣之所指點所謂意
到氣隨速於聲響猜粗之功學者可以悟矣云云此
又爲不着力運使則氣流不爲關節軔帶所停滯又
一証也雖然氣之流行原理如斯而指揮氣者不在

校注：

❶ "指颠"，应为"指巅"。

氣之本身而在心意之精神如人精神興奮時能使氣血暢行精神驚恐時能使氣血停留此種習慣通人皆知所以拳經有云全身意在精神不在氣在氣則滯也徊氧氣雖有心意為之指揮而能傳達命令於氧氣使之速行者乃在呼吸之氣耳一呼一吸為血之循環主動力亦係血中氧氣被吸引而流行領導而前進拳經有云心為令氣為旗職是故也氧氣既與呼吸之氣有連帶關係又與血流有共同速率未練之人氣之速度若在疲乏時較血為慢而欲練之使速度加大迅速離開血流而前進則須練習深

長呼吸運之沉着慢行方能打通掌肘肩三關以達指顛❶也故太極拳不着力運動之理由是使各項肌管與關口不能膨脹之肌管打通成為同一直徑而具靈活之孔度如康莊大道直行無阻不致過關而留難矣此種學理倘欲試驗可將直徑大小不同之鐵管連貫為一管食之於自來水龍頭上其出水只能慢慢滴滴而流決不能直射而出也此太極必須柔運方能增進氣功之理由也太極拳所以徐運緩行理由因其每以開合姿勢必須精神上極力注重氣由丹田直達手指再由手指回歸丹田如是一往❷

校注：
❶"指颠"，应为"指巅"。
❷应为"一往一返"。

一返乃人身體內氣功正當之途徑也茲作一例題以說明之如氣所經之作用機管在未練之人機管有如未經開闢之河流崎嶇不平各種礁石暗伏其間僅能容航船乘風而行有一定速度不能快亦不能慢其快慢與血液循環之速度相等倘欲改用汽船使氣加速必須先用挖泥船以掃去暗礁此種挖泥船須沉着以極慢速度而行所謂以心行氣務令沉着運勁如抽絲也方能步步前進掃除障礙倘開始即將汽船疾駛通過礁石暗伏之中鮮有不傾覆者也人體之礁石有三種一曰肩礁二曰肘礁三曰

腕礁此三關也。久久練習沉毅而進自能掃除暗礁跨礁①方能直行無阻其挖泥船上之司機人即呼吸之氣也。故稱呼吸氣為心之傳令者與氣結伴或先或後而行也。倘開始動作時即疾動急行手法輕飄則發號施令者無沉着之心傳達命令者有張惶之苦氣之本身自必遇難而止矣。所以太極拳必須運動如抽絲游蕩曲折有行乎不得不行止乎不得不止之勢正為太極拳徐運慢行打通三關寫照也。追至練有成效時氣管通暢氣流加速則求來回往變②換靈敏速於擊響所謂意氣須換得靈乃有圓活之

校注：
❶ "跨礁"，应为"胯礁"。
❷ 应为"来回往返"。

氣此太極開始必須徐運慢行之理由也

氣之本身與血有密切之關係血強則天然氣足是

出皮毛骨之外壯也因其為停滯之氣也若氣經鍛

練氣流加速過而復始鼓盪內斂此雲龍風虎週旋

全身延年益壽之內壯也是以能知氣之所由來復

知氣之所以然不愁不得行氣之功矣世人多懷疑

太極拳運使時如此之慢如此之柔何能對待於人

何能稱為技擊倘果明瞭此種慢柔動作專為增進

氣功而鍛練為初步不可少之動作非此不能入氣

功之門除此不作使氣之變化活潑則學者自能領

〇四六

悟而不運疾使剛失考氣之主動力則在精神不在氣已如上列所論故普通稱謂精氣神為一貫名詞而不將精神與氣分開列名之由來也且氣功尚有練氣與養氣之分練氣是在使氣之鼓盪靈活養氣則注重培養內歛能培養方能使氣艳永久活潑不受精神影響連帶損傷並且氣功與精神有統屬關係氣旺則精神旺又與血有共同利害氣強則體健故氣居精神與生理二者之間賴以調和，一切使精神與體育互相貫通同時並進此氣之所以最為重要孟子所謂善養吾浩然之氣也氣功一道用科學來証明係周旋全身之氧氣而後方可談到丹田之說丹田之說由來久矣自上古及今凡宗教家及一切修練之士莫不以練丹爲第一步工夫①以修練深淺作道行之標準故世有丹士之稱有丹成八九天之喻丹田雖有上中下三種分別其中最重要而應專修者仍屬下丹田所謂臍下二三寸之處也如釋家坐禪亦以氣沉丹田爲主道家打坐亦以充實丹田爲重即現時歐美盛行之精神催眠術亦係氣能吸至腹下爲上各種高深武術亦均以氣沉丹田爲練習無上法門即數年來風行一

校注：

❶ "工夫"，应为"功夫"。

時之同善社悟善社亦莫不努力丹田為事據此種種氣況丹田二法為古今中外修練之士所共認為惟一根本修練法則也其關係之重要不言可知惟當叩問精神專家丹田果係何物在生理組織上又為何部機能雖答稱在臍下二三寸之間此種答辭最易迷糊吾人自知者臍下為腹腹面為皮皮內為肉再進內則為腸部丹田在腸內乎腸外乎此種丹田名稱大約古人假定有此物以傳之後人亦認定此名詞以學之不求甚解究係何物未聞精神專家特為道出良可慨矣

〇四九

兹參觀醫院人體解剖腹內各部畢現亦未見有丹田存在頗甚疑慮後復叩之精神專家又答曰丹田係氣質此人死或破腹後即不復見噯呼此言果足以塞疑問者之口乎若丹田果係氣質何能容氣之歸宿氣與氣遇到處皆能溶合爲一氣不必專定腹下矣況練丹之士練有成效即有胎息之稱爲修道者已有成功之徵得胎息者能不以口鼻噓吸如人生之初在胞衣之中同一狀況足見若能成胎是係一種物質以待氣之歸納其中而後方成一胎形之狀也昔嘗窮搜圖書館中關於精神之丹書均爲假

定丹田名稱而不指出原由各書如出一轍再及近代各種生理學解剖學又無此種名詞不易參加考證是以返本歸原仍本諸拳經以作考証張三丰先生有言乾坤為大父母先天也爹娘為小父母後天也得陰陽先後天之氣以降生則為人之初也夫人身之來者得大父母之命性賦理得小父母之精血形骸合先後天之生命我得而成人也以配天地為三才安可失性之本哉然能率性則本不失既不失本來面目又安可失身體之去處哉夫欲尋去處先知來處來有門去有路良有以也然則何以以之無

論賢愚智否皆可以之進道既能修道可知來處之源必解去處之委來源去委既有知能如己身不修無以得道故曰自天子至於庶人皆以修身為本也云云因此方悟欲考丹田必須從胎學上研究蓋欲知去路當先問來路換言之欲知生之理當知死之源人生之初在母體內其血之循環呼吸均以臍部呼吸為主自離母體呱呱墮地後開聲一叫空氣乘隙而入隨即胸部開始工作矣故稱人生離母體時為人生最大變動之時期蓋完全由臍部動作一變為胸部活動也經過星期後臍口漸漸緊縮而扣斷

臍帶隨即脫落矣緣人在母體之中以臍帶為通行大道其接點在人身動靜二脈主幹之中所有血之循環莫不以此道作幹線循環週身一待生後為之一變其殘留腹內之臍管因脫落關係其中動靜二脈之端不相連接貫串則成為❶枝線矣此路不通矣此不通行之臍管即世俗所謂丹田也既為❷枝線無工作可言則腹內臍管漸次萎縮所有血液僅能供其營養而己若求氧氣運行其中甚不易也倘人能得循環之氣吸進此半段殘管之內一收一放成為天然人體內之抽風箱矣氣因抽放而流動而鼓盪

校注：
❶❷"枝浅"，应为"支浅"。

而沉着而洗刷則全身各部自無停滯之處矣無停滯則活潑血氣既活潑何致發生疾病乎以氣能沉至丹田為人生健康之調整氣也丹田久久氣沉自然伸長屈曲成團觀夫臍眼內凹則可知內部有伸長之功如既成圓形即可呼之胎矣修通工夫求氣能沖破動靜二脉圍結之管且其破點須正在二脉緊貼之處得一小孔使二脉互相貫通有如在心臟外另加一血氣循環之機以精神指揮之一呼一吸則胎息成矣倘所破點不在緊貼互相遞對之處則二脉漏氣矣血管破裂矣人亦自然破裂而死矣所

〇五四

修道之難決非人人所能辦到當視其機運不可免強而成也故神秘者稱為開竅為重要之關鍵能成則得道不能成則死此在修道迷信上言之謂為雷火之故決不能免者也觀夫日本練氣大家岡田氏努力下丹田以致破腹而宛足証未能在互相遙對處而冲破若體育修練之道祇求能沉至丹田使氣血能活潑無滯即已滿足而不求破穿之道當然無若何危險鼻息一呼丹田一吸全身氣下行集中腹下則下部充實支持點沉靜如山其彈力得堅強

校注：

❶ "免強"，应为"勉强"。

之功則不能收彈發之效無彈發亦決不能稱爲技擊也

第五章 關節運動與生理之關係

嘗見各項拳藝能自成一家者莫不有基本功夫爲入手方法所謂基本者即分段活動關節是也迨各段關節練有成效時再合而成之爲一單式再聯合各單式而成一路此普通拳藝入門練習應有之矩矱也譬如寫字先練一撇一捺集撇捺而成字再集字而成一句同一理由也若分段練習關節循級而進無躐等之嫌有漸進之功蓋不如此則關節內

所活程度不能圓活至高點其關節靭帶不能成為
繞指柔以便利氣流此練習太極者應經過此種階
級方為正道也緣練習單式本拳經所云一動則全
身無有不動全身動則人身均須活動若考其所動
程度以人身九節比例言之每節担任不過九分之
一耳若用之對待於人有時某種關節活動成分担
任獨大他部次之各關節雖同時均動然決不能平
均担任也明矣故各關節務須力求鬆開增大活動
性至九分之一以上方足以言對待倘能以九分運
動之精神完全施之一節他節暫不注意當自練習

遇有對待時或運用單式時佈各節同時均有活動忽然欲某一部担任獨大則其最高點可活至九分之三四以上亦無不可也此專運一節之功效也其關節靈活增進又如何耶況分段練習易使關節領域鬆開靈敏圓活及關節靱帶增進柔軟便於氣功之增進不致過關有留難之苦且軟骨加增彈性不易為石灰質所包圍此關節運動應力行專門練習

拳經有云拳指手合腕肩腰跨❶膝脚上下九節勵言

之理由也

明須知曉云云意即包括人身九種關節須分段練

校注：
❶ "跨"，應為"胯"。

習之意也。又云血流行於內膜胳氣流行於骨節行氣如九曲珠云云其用意在未得九曲關節練成圓活如珠則氣不能暢行氣既不能暢行又何能望之貫串哉

綜合以上理由其入門練習法當先使九種關節練成圓活如珠以待貫串則每節均應施以鍛練方克❶能成為圓珠也茲分節說明如下

（一）活動手指中節

（一）屈中節仍稱指旋轉如螺絲運勢如搬攔搥

（二）形如虎爪一收一放有如擒拿之指

校注：

❶ "克能"，应为"可能"。

(三)盡力用指外彈如閉穴之形

(二)活動拳節

(四)屈二節指名為拳一開一放如抓物形

(五)運勢如撇身搥徃➊下摔之

(六)放拳彈指徃➋下刀切如盤斫

(三)活動腕節

(七)活動腕背手肖上冲如提手

(八)活腕底掌心下沉如摟膝之按手

(九)盡力翻腕前後上下盡力轉翻之

(四)活動肘節

校注：
❶❷应为"往"。

（十）運肘向內向外作圓圈如單鞭之後手。

（十一）運臂由上徙下摔之如晾翅之落翅式①

（十二）運臂左右由下徙上成斜圓形摔之如雲手②

（五）活動肩節

（三）雙手向前斜行作圓圈如灣弓射虎手③

（四）雙手向邊分開作圓圈如十字手

（五）盡力向前伸臂如斜飛式再收回灣臂沉肩④

（六）活動腰節

（十六）使脊骨鬆開左顧右盼如野馬分鬃⑥

（十七）灣背前後作弓形如海底針與閃通背⑤

校注：

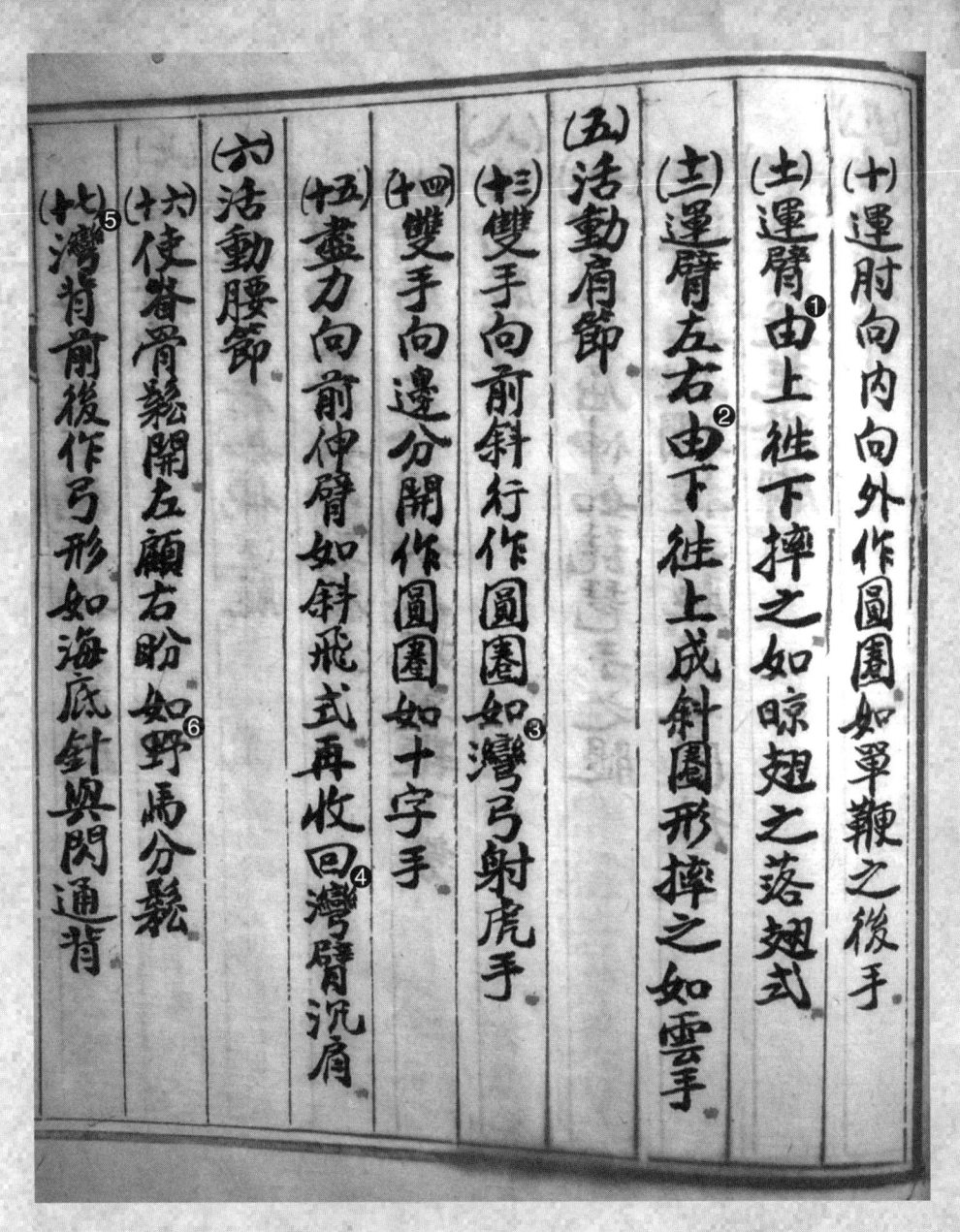

❶应为"由上往下"。
❷应为"由下往上"。
❸"湾弓射虎"，应为"弯弓射虎"。
❹"湾臂"，应为"弯臂"。
❺"湾背"，应为"弯背"。
❻"野马分松"，应为"野马分鬃"。

(十八)轉腰向左右視如抱虎歸山

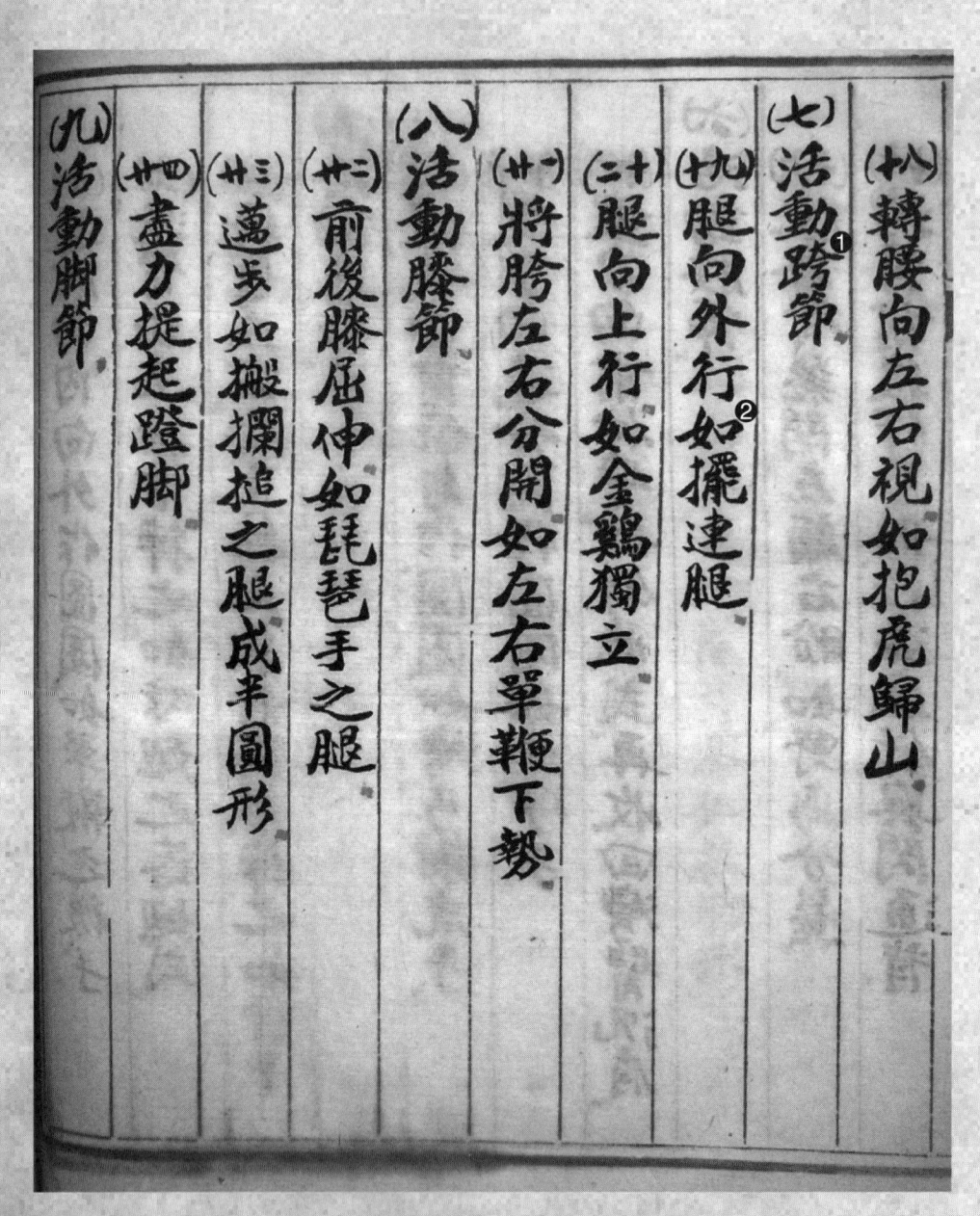

(七)活動跨節❶

(十九)腿向外行如擺連腿❷

(二十)腿向上行如金鷄獨立

(二十一)將胯左右分開如左右單鞭下勢

(八)活動膝節

(二十二)前後膝屈伸如琵琶手之腿

(二十三)邁步如搬攔捶之腿成半圓形

(二十四)盡力提起蹬脚

(九)活動脚節

校注：
❶ "跨节"，应为"胯节"。
❷ "摆连腿"，应为"摆莲腿"。

(廿五)足尖盡力前伸向上行如左右分腳

(廿六)足跟盡力前伸如蹬腳

(廿七)脚根貼地前後旋轉如十字擺蓮步

關節運動初視之有如學校中之體操若考其內容與體操運動完全不同體操練時筋力緊涨①用力伸縮太極關節運動手臂純任自然全身鬆開含有彈性使關節易於鬆開伸長雙臂力求沉着貫頂提項注重精神而不用力蓋用力則氣滯氣若滯則關節安能望之貫串哉觀其姿勢雖屬相同然精神則完全相反也關節運動主要目的在體育可云完全為

校注：

❶ "緊涨"，应为"紧张"。

生理而修練使人身九節機能得充分發育而靈活以待氣之貫串故列為第一步功夫也

第六章 單式運動與氣功之關係

中國拳術種類繁雜式樣奇異有如當春之花紛華絢爛各有嬌艷不同之處惟其入門矩矱則相差無幾在普通拳藝均以樁功列入第一步功夫之內而樁功尤為第一步練習內之重要練習也樁功在步林分為兩部一曰數息法雙足站立使氣下行拋卻萬念隨氣之呼吸默記其數也二曰聽息法一勢一式從容不着力出一拳一掌當平肩直腰意氣自肩

腕而直達於掌緣五指之尖靜心聽之臂灣指掌間似有膨脹伸張之意默聽其行也此二種樁功練習後能使氣脈沉靜直達丹田而後臨危應變方能收視聽之效得制勝之機查人之一身上體必重下體必輕雙足踏地必前後不平所以入手先習樁步聽氣下行而不上浮然後下實則上輕有如不倒之翁矣然素搗集拳藝大成之太極拳現時普通練習均未經過此種訓練似應有研究之必要也拳經有云氣沉丹田不偏不倚亦係使下實上輕之意但對於能再使氣沉之樁功置之不習果何故乎或曰拳經

校注：
❶ "臂灣"，应为"臂弯"。

云太極精神在立如平準活似車輪偏沉則隨雙重則滯固無需此不能靈活固定式之橋步嘻是何言哉豈不聞偏沉則隨不沉何能隨對待用功法須守中土手太極進圓法亦須中土不離位手所謂中土者橋步也此太極未嘗無橋步之一証也惟太極橋步所以異於各家之處在活橋之偏沉耳在求倒換之沉功耳其練習法僉隨太極原有各式而站立手勢亦隨各勢而異形其足分陰陽互相倒換無雙手插腰之規定蓋對待於人時決不用雙手插腰之姿勢若改用他式時又非常時練習者恐難免仍有不

沉之病倘用對待姿勢以站立則對待於人時均是站樁功夫矣何愁氣息不沉哉氣沉則下基固下基固則丹田自然深沉則彈發自有支點矣故稱太極橋步為陰陽活動橋步亦無不可也練太極者祇求急進不數日而太極全路架子已全學會而能運動矣但對於最重要單式運動之站橋多不屑下此功夫致越級而進棄此基本功夫而不練甚可惜也但太極拳名家楊氏自己練習時均經過此種鍛鍊呼之為站架子有時太極練習者為補救此項越級練習計在練習走架子時倘能以極慢極徐之速度以

運使則下部椿功仍可得到若干功效然較此專以單式運使則相差遠矣若少林門內所謂聽息之法為太極拳之專門功夫但太極之聽息法係將數息之法合冶於一爐名之曰聽勁每站一單式呼時若氣由丹田經肩腋而直達指尖吸時若氣由指尖回歸丹田而數之腰軸微轉膝平挪雙足分前後以倒換陰陽腿若前弓則為聽息腿若後坐則為數息倘果如斯鍛練則氣有下沉之功兼有靈活之氣適

合對待便於粘黏誠所謂一舉而三備此太極拳異於各家所以開始緩行慢運原因之一也

茲將太極單式聽息數息分爲十八開合列舉如下

第一式 琵琶手　攬雀尾

第二式 左雲手　右雲手

第三式 摟膝手　攆猴手

第四式 分鬃合手　分鬃開手

第五式 穿梭合手　穿梭發手

第六式 搬攔捶　搬攔出手

第七式 海底針手　通臂手

第八式　下勢手　單鞭手

第九式　提手　斜飛手

第十式　如封手　似閉手

第十一式　抱虎手　歸山手

第十二式　肘底看捶手　肘出手

第十三式　晾翅手　栽捶手

第十四式　左打虎手　右打虎手

第十五式　高探馬手　十字柳葉手

第十六式　指膛出手　指膛坐手

第十七式　退步跨虎手　七星出捶手

第十式 湾弓①收挫手 湾弓②射虎手

练习单式为成路练习之先驱其姿势正确与否关
乎将来複式及应用甚巨站立时应将身体各姿势
考验有无越出范围每式均须自行考正例如下列

各点

身要正　顶要悬　项要提　肩要沉

步要轻　肘要陸　腕要直　胸要舍

目要速　肯要拔　腰要鬆　腹要净

足要随　襠要撑　膝要曲　脚要虚實

以上十八式所谓听息者开也数息者合也或开或

校注：
❶ "湾弓"，应为"弯弓"。
❷ "湾弓射虎"，应为"弯弓射虎"。

合或先或後任隨個人意之所行並無若何規定如小部分開合在太極拳內式式俱是有往復即有摺疊有摺疊即有一小開合在焉在太極拳全路架子分析言之即將所有單式太開合與小開合連絡而成也故單式運動唯一目的為氣功而修練為古來導引術之根本蓋由中氣被領導而前進吸引而流行也故採用意念及呼吸指揮氣能沉著通行障礙點打通三關使氣一揚一隱一啟一閉為一個開合為茲錄拳經開合一篇以証之曰開合之道雖變化無窮然各有所歸理為一貫或陰或陽或柔或剛

校注：
❶应为"往复"。
❷"太开合"，应为"大开合"。

或啟或弛或張審定對方有無以明其虛實隨
其嗜欲知其意志如開則貴周如合則貴密周密之
後而又貴微故開或開而出之或開而納之若合或
合而取之或合而去之開合者天地之道以變動陰
陽以化萬物縱橫以陰陽試之陽動而行陰止而藏
陽動而出陰隨而入陽還終始陰極反陽山天地陰
陽之道為萬事之先方為開元為合是為元方之門①
户為對待之良法也

第七章 成路運動與精神之關係

第一節 分路理由及缺點

校注：

❶ "元为合"，应为"圆为合"。

成路運動者俗稱走架子是也即連合各種單式使之貫通完整而成為一路運動也故名為精神鍛練而其中實包括氣功及生理鍛練不過精神為正而氣功與生理為副耳在各種單式姿勢已練習一種有利身心之架子再由此種架子變化至彼種架子中間變化務須便利從心無遲重之虞此成路運動惟一要素太極拳所以命名因其中間變化圓轉如珠如太極之雙魚有如太極圖之由來也在練習單式已向氣能鼓盪關節貫串由意念驅使氣流沉着往返之途而修練單式之功氣已能活潑再進一步

而向發揚內斂精神之途而續練精神一揚一斂互相隱現即一單式夾一轉換之手耳蓋節貫串之後尚須使之式貫串而惟一注意點在變化因單式為發勁之準備式而成路運動之轉換為化勁之準備式也發勁能否發出此屬第二集同（鍛勁）功化勁能否化開此屬第四集懂勁功本篇毋庸置議但在此第①一級運動時應能使單式架勢具有能發之效則成路運動轉換變化時亦應具有能化之功所以成路運動為前各章總集其成之運動則身體與精氣神同時並進完全稱之為體育功且為將來第二四兩

校注：

❶ "毋庸置议"，应为"毋庸置疑"。

集發勁與懂勁之先驅也

走架子時第一項即注重開合有開精神一揚有合精神一歛無時不包含此二種精神蘊藏意念之間如精神之磨電機常擦不已則精神力量日必日進無疆矣內中含藏發字不用勁發是精神發也亞合化字不用勁化是使精神化也進退須有轉換是勁之轉換精神之摺疊也往復須有摺疊是精神之轉換勁之摺疊也其已往[1]關節及單式運動與將來化勁發勁均有連帶關係運動之功為各勁之基礎其重要可知矣然其架勢是否合宜精神能否貫到應

校注：
[1] 应为"往"。

在開始運勁時慎重審定若貪多急進則難免式式不能貫串之嫌以太極拳架勢之長運使之慢足使精神疲乏而有餘倘能精神一直貫串到底甚不易也雖然練習者久練之後可由疲乏而進行不疲之境不貫串而進於貫串之地惟開始修練即使之不能也因初學者精神力量本非健旺開始即加之重任有如無力之人初次即使之舉重鈞不但不能增進力量反有所損害雖偶爾僥倖進步亦必遲緩倘能以少加多以輕加重為法則自必易於進步決不能也因初學者精神力量本非健旺開始即加如長江大河滔滔不絕譬之初生孩童即付之重任
〇七

而無損傷之患矣故有分路之規定以除此患是分路練習姿勢有不貫串處亦易於校正指示明瞭此南派武當所以稱為六路也若考北派太極拳全部架子內中亦係天然為六個段落即三個單鞭之處及三個十字手之處耳

拳經云太極拳萬不可有一定之架子夾不可失其綿軟之性質周身徃復精神意氣之本用久自然貫通無徃不利何堅不摧云故練習太極拳者入門多慮師傳酮因生理關係自己用功日久就性之所近及喜用之著分別湊合求其順遂以從意便利以

校注：
❶应为"往复"。
❷应为"往"。

從心即極力摹仿師傳亦終有若干相異之處觀現時太極名家其架子無一相同者即同師授亦各有不同之處甲能用乙亦能用甲之不對乙不能說甲之為非即可知矣各人形式雖畧有不同然其運使精神意氣及其綿軟則如出一轍也擬此可證明拳有一定之精神無一定之架子也古人創造此拳由其畢生經驗得來中間經過數百萬人之更改以致遺傳於今其中自有其特種精神存在豈可以淺薄之經驗即擅自修改故保存舊有國粹為一事使之適合自己又為一事倘欲兩者得兼莫若

將應有者作基本其中有重複式者泰以己意或改或加雙方並進似有益而無害用功之久自能覺其優劣知所取舍或疑淺識末學之輩何必標新立異以亂聽聞殊不知若欲研究拳中幾微之處不更改不知舊者連貫之妙不加攪和不知古者立意之善況保存舊有而不減加以己意而增修合乎生理應手習慣功夫有增無減精神容易發揚此所以成路運動而參以舊譜及個人之意見也在成路運動之先應自行考核各點如下

(1)成路運動其着式數目在所不計惟一切舉動不

得越出下列範圍

意要挓
氣要邕　　　神要悟
情要逸　　　性要靜
勁要綿　　　貌要和
　　　　　　息要深

(乙) 成路運動時所有動作均以拳經內所定規則為標準然拳經彌奧非用功之久不易悟澈稍一不慎最易悞入歧途所謂差之毫釐失之千里應在初練時須認識清楚方能日進無疆也茲錄最易悞會之處數則如下

(一)因運勁如抽絲一句常在緩徐上注意往往失之過緩致失呼吸與運使相激盪之意致不知抽絲者乃表示每一開合應旋轉而出入如抽絲應旋轉以抽之方能成為一根絲若直抽則絲必斷矣

(二)因運勁萬不可離太極一句一舞一動力求圓行圍走不可忘卻往復須有摺疊一句盡無摺疊則精神不能一揚一隱致有意氣不能由丹田直貫指端而迴歸丹田之病故圓行之中仍須含有摺疊之意

(三)因周身往復㳄①不可失其綿軟一句運動時惟柔軟是尚又不可忘却外示柔軟內含堅剛之句若不內含堅剛則無掤勁蓋不帶掤勁之意念藏於身內㳄不能收知覺之功也

(四)力求避免雙重之病極力分清虛實徃徃失之②太過越出方圓之外轉成偏重之病反無着落爲出隅之病也蓋忘却意氣須換得靈之句也所謂換得靈者如左手已出方圓則立時注意右手使之平衡倘意念仍在左手則因勁之寧動成偏重矣

校注：
❶应为"往复"。
❷应为"往往"。

(五)候解雙輕雙沉之功擬為雙浮雙重之病不敢使用沉輕二勁致失太極最有功效之自爾騰虛天然輕巧兩種精意矣

(六)力求聽勁運動時日光與動作不相符合因忘卻聽是用心聽眼為神之苗眼到處即是精氣神到達之地也

(七)拳架內每一勢必有一發勁點存為應運至發勁點時力求將圓變方盡力注視倘求周而復始過不絕輕越過發點則有圓無方不成規矩神不易揚氣不易貫矣

(八)勁以曲蓄而有餘之句一舉一動力求曲蓄惟蓄之太過曲之太甚反成偏閉之病轉有自行封閉之虞矣

(九)力求雙足劃分陰陽避去雙重之病忘卻雙手亦有陰陽之分觀左重則右杳右重則左虛之句是足部與手部同一重要若雙手雙重而齊出則真成雙重之手矣

(十)進退左右力求有粘黏連隨精神候將雙手之勁向同一方向而粘黏致有自行落空轉啟他方連隨之虞應在初練時使雙手之勁力求有變义

點所謂一手導粘一手迎也

太極成路運動惟一注重點在運架子架子變化時使精神收斂於內心手相忘神遊太空作善隆低眉之狀在架子定式時使精神揚於外鷹瞵虎視貫頂沉氣作金剛努目之形如斯往[①]復轉換不但精神忽隱忽現得以飽滿即氣功亦隨之而鼓盪內斂身體內各部分機能因此而收極大活動功效若不將此

第一集內精神發揚點得收成效則將來至第二集發勁時亦決不能有如何成績蓋精神發揚點即發勁之發點也

校注：
①应为"往复"。

第二節 成路運動之字訣

在太極拳成路運動時對於各式之姿勢及動作之精神應有一種意義蘊藏動作之間則往來轉換揖疊起落方能使精神易於增長易於發揚收斂按照拳經有字門之規定使一舉一動均有意義可循蓋先求開展後求緊湊由博而歸納由繁而進簡由三十五至十八由十二再由十二而納於心記之五字訣其中十二字訣屬於發勁五字訣屬於對待本篇暫置勿論茲將第一步三十五字訣屬於姿勢乃動作之精神分別說明於下

一　鐮字　出式　用手
二　搭字　攬雀尾　用手
三　圓字　揉手　用手
四　攬字　單鞭　用掌
五　鈎字　提手　用手
六　起字　白鶴晾翅　用掌
七　研字　摟膝拗步　用指
八　章字　琵琶式　用手
九　迷字　搬攔捶　用捶
十　勒字　如封似閉　用指

十一剪字　十字手　用手
十二擄字　抱虎歸山　用手
十三剮字　肘底捶　用捶
十四倒字　倒攆猴　用掌
十五挑字　斜飛　用手
十六插字　海底針　用指
十七抖字　閃通背　用掌
十八翻字　撇身捶　用捶
十九挪字　雲手　用手
二十削字　高探馬　用掌

二十一 釣字　左右分腳　用指
二十二 踹字　蹬腳　　用腳
二十三 跪字　栽捶　　用捶
二十四 躍字　二起腳　用腳
二十五 兜字　打虎式　用手
二十六 分字　野馬分鬃　用手
二十七 掀字　玉女穿梭　用指
二十八 坐字　下勢　　用指
二十九 歉字　金雞獨立　用掌
三十 點字　白蛇吐信　用指

三十一 搗字　　指膛搥　　用搥
三十二 衝字　　上步七星　用搥
三十三 撒字　　退步跨虎　用手
三十四 擺字　　擺連腿　　用脚
三十五 搊字　　彎弓射虎　用指

以上動作乃係表示各式動作之意義非表示動作之勁因每一式内動作時常有數種勁別含藏於内非一字訣所能完全代表也

總計全路用手者十二用掌者六用搥者六用指者八用脚者三掌搥指脚四者之中仍

均含有手蓋太極運動時以勁為主著為附
故手為正而指掌腿腳為副也
若練習太極拳預期將來以體用兩項為目標者則
在運勁有成效時對於運勁精義應特別分清庶可
使各項之勁日有進益則關於第二步屬於運勁之
十八字訣應從續悟澈於心方能日進有功也
一殘字 餘也一切動作勁勢務須含有殘餘不盡
之意使之曲蓄而有餘也
二柔字 鬆也全身鬆開不使力不帶勁貌和意亦
柔也

三徐字　驅也動作緩急適中驅使氣流徐徐通過
各節也
四端字　正也一切動作務須中正不阿重心安定
使無歪斜俯仰之處也
五靈字　輕也一切動作務須頂勁虛懸使無呆相
周身感覺輕靈也
六整字　貫也一切動作務使完整一氣式式貫串
勁貫神亦貫也
七沉字　著也一切動作務須沉著蓋沉為著動之
根完全沉功也

八靜字 斂也 在動作中力求安靜蓋能內斂則外動而內靜也

九托字 掤也 一切動作使外示柔軟內含堅剛如有托意使物不能下降也

十攦字 攦也 一切動作務須具有圓活滾轉精神處處有摺疊意由大圈進於小圈也

十一逼字 擠也 使雙臂之勁能交乂而出互合為一逼之而運也

十二搽字 按也 使手掌下沉有如範定一物無使有被滑走之意也

校注：
❶应为"交叉"。

十三貼字 貼也 一切變換開進時務須依定有繫貼而粘住對方之精神也

十四吸字 粘也 一切變換合退時務須假定有黏吸對方使之無離也

十五援字 連也 一切變換退步時務須具有內承回援精神使之不丟也

十六拋字 隨也 一切變換進步時務須具有彼走此應精神使己不抗於人也

十七吞字 當也 引進時精神沉歛手臂掤捲使彼弓引滿以待也

十八吐字 發也合出時地心有根使眷弓曲中求

直精神發揚蹈屬也

以上各字由一至四乃表動作也由五至八乃

表示精神也由九至十二乃表示勁別也由十

三至十六乃表示意念也由十七至十八乃表

示氣功也

第三節 戚路運動之工心解

能善其事謂之工心解者是使為一種至善至精

之義理銘之於心也太極拳經雖不一屬於對待人

者居多其能合第一集運勁之用並專為自己修練

體格及精氣神之需者當首推工心解一篇肉中雖有關於第二集發勁論之說明點然練第一級時應先了然於心方不致誤入歧途故提前加以詮釋藉作成路運動之參攷焉

第一項 身心之分

先在心心為令以心行氣務須沉着方能收歛入骨後在身氣為旗以氣運身務令順遂乃能便利從心

心者非心臟之心乃代表全身精神意志之心也

氣者非呼吸之氣像周行全身機能之氧氣也

以心行氣以氣運身是用精神驅使氧氣運行
體內周而復始也

務令沉着者是用精神迫氣流打通各項關
節沉着而行氣不致因阻碍而停滯不停滯自
能沉着通過則氣和血液依骨膜骨髓而斂入
骨髓使其營養發達骨節內石灰質與膠質調
和適度使骨節沉堅而富於彈性不易折斷也
順遂者係氣與身均須順勢利導乃能便利以
達到服從心之命令也

第二項 意志與精神

全身意志在精神不在氣在氣則滯在神則活

氣能周行全身係受命於精神若欲周行不斷

圓活無滯仍在發令之精神不在氣之本身若

在本身有如未受命令之士卒徬徨不定進退

失據目必停留而濡滯矣

第三項 氣力之變化

有氣者無力無氣者純剛

此言有氣者無力無氣者純柔有力者無氣無

氣者純剛力隱則稱之為氣氣現則稱之為力

用形於外之力剛勁也用隱於內之氣柔勁也

故運勁柔者練氣也運勁剛者練力也氣力者剛柔變化之定理也如欲練氣不得不柔也

第四項 內外現象

外示安逸內固精神

此言外操柔軟內含堅剛也運勁與發勁時完全相反運勁時外柔而內剛發勁時外剛而內貫因操柔軟於外是使氣隱於內也久而久之氣不外散常存於內自得內之堅剛矣此專言運動時應有之現象者使之能隱能發

第一集運動時應有之現象者使之能隱能現忽隱忽現此屬第二集運勁功夫也外能表

示安逸則氣沉神清天君泰然內能完固精神則隱微不散遇機立斷如外能常常安逸久而久之自然外操柔軟矣如能常常內顧精神久而久之自然內含堅剛矣

第五項　剛柔與氣勁之分

極柔軟然後極堅剛能呼吸然後能靈活氣以直養而無害勁以曲蓄而有餘曲中求直蓄而後發能將氣深隱於內目得內之堅剛所謂堅剛者乃係體質堅實之剛非發人之堅剛故愈柔則氣藏之愈深內部愈見堅實矣如世間硬軟泰

半之物能屈曲伸開久而不崩裂折斷者其實料必膠粘堅實此外柔內剛為真正之內剛如棉花包鋼絲倘運勁時徒知外示堅剛則外剛而內虛如鐵皮包棉花碰之即遍矣能呼吸自然則神清意活呼吸不自然則氣閉勁鼓精神散亂失其輕靈圓活之功矣氣以直養者此指呼吸之氣須直行無阻順遂自然若加抑制則肺氣均受害矣勁能發生彈力是先蓄而後發先曲而後直此定理也倘勁常使之曲蓄有餘則隨時均可發生彈性也

第六項　行氣與運動

行氣如九曲珠無微不利運動如百鍊鋼何堅不摧

此指氣而言須曲行若呼吸氣則須直養如

前節所論矣所謂如九曲珠係將氣周行全身

九節之中倘能圓活如珠週行不已則隱微之

處無不便利從心也運勁能成繞指之柔即是

百鍊之鋼使氣貫串於內則身內堅硬不化之

處無不摧去無遺矣

第七項　腰脊為第一主宰[1]

腰為纛氣為旗腰為軸氣為車輪步隨身轉力由脊

校注：

❶应为"主宰"。

脊發

腰為運動之第一主宰[1]腰之中心即氣之中心氣由兩膊至兩肩收入脊骨注於腰間此氣由上而下也此謂靜之則合也由腰形於脊骨布於兩膊施於手指此氣之由下而上也此謂動之則分也無論氣之動分靜合均注之於腰間以腰作樞機若腰在氣分時有如車輪作旋轉之中心而四周發揚也在氣合時有如大纛所作大本營所在地各軍以此為轉移之中心故步須隨身而轉即隨腰而轉也不轉則腰扭矣

校注：
[1] 应为"主宰"。下同。

腰扭則車軸彎矣其何能行之哉故腰為運動之中心也

脊為發勁之第一主宰發是脊之彈性因脊為四肢連貫之中心如工字形用脊勁以發是集合全身之勁而發矣脊能貫串各處之勁注於一方故如以為發勁之中心也

重心不在丹田則蓬旅無根運轉不能自主重心不落丹田則脊弓下端無支柱不能發生彈發性矣故丹田為腰脊之調整器呼之為第一賓輔良有以也

第八項、頭頂為第二主宰[1]

精神能提得起則無遲重之虞所謂頂頭懸也意氣
須換得靈乃有圓活之趣所謂變化虛實也
能懸頂提項則精神自然提得起以發揚於外
目可免遲重之虞而得輕靈之巧如精神提不
起則遲重填實則意氣換不靈意氣不靈則虛
實變不活舉動亦不圓矣如意在左左出圓外
即換在右所謂左重則右虛右重則左杳也能
立時變轉虛實是意氣換得靈之證也又如氣
隱為柔忽然變剛及剛又柔此種剛柔忽隱忽

校注：
[1] 应为"主宰"。

現亦屬於意氣換得靈之巧也故能懸頂頭為輕靈圓活之根本呼之為第二主宰也①

如欲補救頂頭之病若手指下沉則全身勁向前傾目光自然下視以補救俯仰病也若手指上挑目光自然上視以補救俯仰病也故手指為頭之調整器呼之為第二賓輔良有以也

第九項 地心為第三主宰及勁別

運勁如抽絲邁步如貓行蓄勁如開弓發勁如放箭邁步如貓之步伐取其輕微無聲緩急適度步之運動為腿之全部動作步之適當與否視腿

校注：
❶应为"主宰"。

之屈曲開合是否順逐為定全身重心在腳底

故稱地心為第三主宰也[1]

如欲補救腳底重心將腳指上起下沉則重心

移動矣故腳指為腳底重心之調整器稱之為

第三賓輔良有以也

運勁為自修功夫雖使氣能通過關節而不滯

全憑運勁如抽絲旋轉之狀使氣沉着而動緩

徐而行周身夭矯似鬆非鬆將展未展也

發勁根本在彈性欲求彈性先必蓄勁蓄得足

彈得遠不蓄不發蓄時曲其形發時直其性蓄

校注：

❶应为"主宰"。

勁如開弓便之引滿以待也此弓為弩弓而蓄為弩蓄弓之中心點番也拔番背則弩弓蓄矣壓番背則弩弓發矣弓若沉着此有彈性硬弓也發時自必速而且遠矣

第十項 轉換摺疊

收即是放放即是收連而復斷斷而復連從復須有摺疊進退須有轉換

收者蓄也合也放者發也開也開中有合合中寓開世間萬事不出一開合為連為運勁運勁要連斷為發勁發勁要斷無論何時意不可斷

意不斷可周而復始收收放放而勁不可不斷勁不斷則勁仍藏之身內不能飛越而出身外也因意不斷後能而復連一斷䁂即一連穜之為一摺疊也往[1]為一開復為一合故往復二點交接處須有摺疊此摺疊為斷而復連之摺疊也此指勁之摺疊此摺疊為也倘往復無摺疊退有轉換者此指身之摺疊也進退無轉換是直往直復則勁斷意亦斷矣故意念務須相連不斷係指意而非指勁如意不斷則在斷連之處自然發生一摺疊以為彌補

校注：
[1] 应为"往"。

第十一項 身形與發勁

一方

立身須中正安舒支撐八面發勁須沉著鬆靜專主

欲求身體順遂意氣便利必須身體中正所謂
中正乃係平均其勢有前即有後有上即有下
有左即有右因平均勁勢方可中正能中正則
氣順利以週行意念安舒神志清寧乃可從容
以支持各面使面面俱能顧及無使周身有缺
陷處無使有斷續處譬如能支撐四方八面也

發勁為關節彈性急遽變換之代詞沉着是使彈性加增強度之功用發勁如不鬆淨則勁鼓而停滯勁藏留自身減少彈性若鬆淨則勁能彈出身外矣、

專主一方者是使全身之勁集中一點而發以一方為主其他為附也、

第十二項、動靜與精神

靜如山岳動似江河形如搏兔之鶻神似捕鼠之貓一動無有不動動則如長江大河滔滔不絕形如搏兔之鶻盤旋無定也一靜無有不靜靜則

如崇山峻嶺絲毫不動也神如捕鼠之貓精神專注以待也蓋合之則靜靜則俱靜分之則動動則俱動開中寓合合中寓開開則動矣

第十三項　方圓之分

先求開展後求緊湊

開展為方緊湊為圓先求方是使意氣鼓盪關節鬆淨節節鬆開充分使身內各項機能圓活成而得之總講緊湊方說到求圓之法圓是使意氣縝密完整一氣周身一家也

以上十三節工心解完全指導知覺運動以包
羅一切惟次序前後分列容易雜亂在練習第
一集時應有一簡明程序銘之於心以便自行
檢查是否循序而行茲更錄太極拳論等篇以
充之

第十四項、動作精義

一舉一動週身俱要輕靈尤須貫串

一舉一動能提頂勁則無遲重之虞且得輕靈
之巧輕靈時身腰鬆淨頂勁虛懸惟因鬆淨時
而不貫串則精神易於外散若外散自不易使

之貫串故欲輕靈而貫串者應使有完整一氣之鬆淨蓋能完整鬆淨實真貫串如九曲之珠周身一家也蓋輕靈是骨節鬆開貫串是骨節調整也所以鬆開而能調整即是輕靈中且能貫串之意也

第十五項　氣神之分

氣宜鼓盪神宜內歛

氣宜鼓盪是氣之發揚意之敏捷由氣以放開骨節使之靈活也神之內歛是神之隱靜心之專一用神以收合骨節使之不散此所謂養中

制外斂氣歸神之說也

第十六項 氣神運使要點

無使有凸凹處無使有斷續處

無使有凸凹處氣有凸凹則骨節受擎不易鼓

盪矣無使神有斷續處神有斷續則俯仰無着

失故神可凸凹為一揚一斂而不可斷續氣可

斷續為一放一收而不可凸凹也

第十七項 貫串根本

其根在腳發於腿主宰①於腰形於手指由腳而腿而

腰總須完整一氣節節貫串勿令絲毫間斷向前退

校注：
❶应为"主宰"。

後乃得機得勢

手根在肩足根在跨①全身之根在腳發於腿含
蓄在胸平準在頂②主宰於腰眷實輔於丹田繫
於兩膊形於手指故由腳至上九節務須節節
貫串如常山之蛇如百鍊之鋼則前後左右起
落方能便利從心蓋從心則得機便利則得勢
也

第十八項 不貫串理由

有不得機不得勢處身便散亂必於腰腿求之上下
左右前後皆然

校注：
① "在跨"，应为"在胯"。
② 应为"主宰"。

如上下左右前後運轉不能如意則自身淩亂

各節不能貫串則身如散沙若叩其病源當求

身之主宰❶身之根本以政正之

腰為肩跨❷兩根之中心故稱腰身之主宰❸身

之根本在脚因其發於腿故改其腿即正身之

根也

第十九項 心意運用

凡此皆是在意不在外面而在内也

此言由第十四節至十八節各論均在意志精

神以運身軀為個人内部修煉而不在外面也

校注：
❶❸应为"主宰"。
❷"肩跨"，应为"肩胯"。

第二十項 發勁前之動作

有上即有下有前即有後有左即有右如意欲向上即寓下意若將物掀起而加以挫之意斯其根自斷乃壞之速而無疑

此節為太極發勁前根本精神為牽動四兩撥千斤之原理如意雖向上發勁必先具有下沉精神

如對方遇沉必掤即順其掤意以上粘之則對方足根斷矣若根已斷則信手而發悉逢貴擊矣

太極拳精義不寧動不發對方根本不斷不發故在上下須用沉粘在前後須用引進合出在左右須用徃復總其名一切動作均須有摺疊存於其間方能牽動方能使其根自斷也如第一集運勁時成路運動能本此意以徃復則精神增進當事半而功倍矣

第二十一項 分清虛實

虛實宜分清楚一處有一處虛實處處有一虛一實分也如左重則右虛右重則左否能分清即能虛為輕實為沉虛實者手足動作均有輕沉之

校注：
❶❷应为"往复"。

輕沉倒換能轉換靈活自可免於雙重而自歸雙沉雙輕蓋雙重則滯也雙浮則茫也

第二十二項 禁犯病

此種不良現象在成路運動時最易觸犯應隨時自行加以修正也

一懶病 頂不懸頭不拔則神懶矣

二散病 不得機得勢身便亂散矣

三遲病 精神提不起則遲重矣

四緩病 發勁不能脆如放箭則緩滯矣

五歪斜 立身不能中正則歪斜矣

六寒肩　肩不能沉壓則肩上聳成為寒狀之肩矣

七直立　膝不屈則直立矣

八腆胸　背不拔則胸腆矣

九老步　邁步過大不能如貓行則步提不起屬於老矣

十軟腿　勁不發於腿腿無彈性則腿軟矣

十一截拳　拳不直腕不沉則半截矣

十二脫肘　肘不墜肘脫矣

十三扭臀　膛不撐則扭臀矣

十四 曲腰　腰不鬆則腰曲矣

十五 開門捉影　神不內斂勁不沉着則開門捉影矣

十六 雙手齊出　勁不曲蓄虛實不分則雙手齊出矣

第二十三項　運勁禁犯病

成路運動已有單式運動在先其定容易正確最宜注意之點在由此式變化彼式時應按照拳經自行發揚如下

一 全身填實而遲笨　此雙重之病也

全身漂渺無著落　此雙浮之病也
全身滯而不正　此半重偏重之病也
全身虛而不正　此半沉偏沉之病也
全身靈而不圓　此半輕偏輕之病也
全身茫而不圓　此半浮偏浮之病也
以上十六種禁犯病均為損害精氣神者關於發揚及收歛甚大在成路練習變化時最易造成此項不圓不正之病蓋不圓不正則全身必有一處受掣足以影響全身精神意氣不能活潑而貫串矣

第二十四項 太極拳總論

明時宋遠橋先生與俞蓮舟俞岱岩張松溪張翠山殷利亨莫谷聲諸先生久相徃來金陵之境俞蓮舟曾見夫子李得口授秘歌八句為

「無聲無象　全身透空

應物自然　西山懸磬

虎吼猿鳴　水清河淨

翻江播海　盡性立命」

此歌七人皆知後結伴同徃①武當山再謁夫子李道經玉虛宮得見玉虛子張三丰先生蓋先生乃七人

校注：

❶应为"往"。

中張松溪張翠山之師也七人均得此歌不但無敵中張松溪張翠山之師也七人均得此歌不但無敵遂得全體大用矣云云此八句為太極之綱目玄秘有類偈語不易解釋茲不揣冒昧曲為註釋以作工

心解之結論

一無聲無象

輕靈則無聲圓活則無象一舉一動須要輕要靈要圓要活耳

二全體透空

身腹鬆淨空洞無物祇覺精神不覺身體神閒志暇如神龍遊空之概

三、應物自然

一舉一動純任自然力求順遂安舒中正因勢利導隨機而化

四、西山懸磬

乃春西顧西者頭也懸磬乃頭頂虛懸如聲有懸索其意係指精神能提得起方無遲重之虞所謂頂頭懸也

五、虎吼猿鳴

修道者以流行之氣呼之為太陰之津虎虎者氣也虎吼者虎之發威即氣之鼓盪也俗有心

猿意馬之說猿者心也猿鳴者猿之活躍即心之行氣也

六水清河靜
靜則俱靜一靜無有不靜神聚而心靜體亦靜也

七翻江播海
動則俱動一動無有不動輕靈而意挺勁亦鬆也

八盡性立命
盡性者知其性也所謂知己知彼百戰不殆也

立命者如立命之功即養吾浩然之氣塞於天地之間欲大成者化功也小成者武事也若立命之道乃係氣體俱充由立命以盡性至於窮神達化何莫非誠意正心修身始也

第八章 老弱或神經衰弱者之練習法

倘學者係年老力衰之人或係懷抱疾病及神經衰弱之身不計實用專以體育為念祇習太極拳第一集即可成功毋再向發勁懂勁高深技擊處研究矣若嫌其太長亦可改繁就簡可將武路運動全部架子歸納其大同小異之姿勢而研究其根本精神其

一二九

中骨幹均不出四碾摩手之外所謂四手者㈠左右攬雀尾㈡左右摟膝拗步㈢左右倒攆肱㈣左右雲手以上四手總其名可呼之為揉手因其一為斜角之揉手二為前進之揉手三為後退之揉手四為橫行之揉手四手合成則為四面八方之揉手矣況乎雲手為粘勁之始攬雀尾為黏勁之本倒攆肱為連勁之根摟膝為隨勁之源練此四手粘黏連隨四種精神均已包括其中矣若係老者或病者練太極拳本為求筋胲活動代替醫藥起見祇思去病延年不求甚解自不耐全路架子之繁雜故改練此簡單四

手連貫而行亦足收強健身心之效蓋此四手乃太極拳全部之精華也若嫌其收效太慢似宜兼練二人推手術以增加體育效率緣推手一門係包括兩種功用一種為研究與對方發生粘黏連隨精神懂勁之根本此投擊式之推手也一種為練習主動被動精神係身心合一之根本此體育式之推手也在體育門欲求意志健全當使意志以命令身體向對方動作並且能接受對方動作由身體感覺以改變意志如是一徃❶一復一主一實方能使意志受感覺而活潑變化此為增進智慧之根本也如單走架

校注：

❶应为"往"。

子可說是完全主動而非被動中間雖有被動之形勢因未受對方觸覺仍係主動意念且主動多條刻板式之動作而非臨機應變之動作也與練習意志能寧收功甚小乃心身片面合一非心身均能互相合一之練習也故在拳經內臨機而動之主動名詞謂之陰採陽也拳經云不知陰陽採戰者不能得完全體育功也昔張三丰先生口授張松溪先生之言曰手得之手舞足蹈之採戰借自身之陰以補自身之陽乃自身之陽男也陰乃自身之陰女也然皆存於身中矣男之身祇一陽男全身皆陰女以一陽

男採戰全身之陰女故云一陽復始也能採戰身中之陰七十有二無時不然而後陽得其陰水大既濟乾坤交泰性命保真矣是男子之身皆屬陰採自身之陰戰乙身之女不如兩男之陰陽對待修身速也云云所謂兩男陰陽對待者兩人推手也一陽者意志也腦神經也七十二陰者計脊骨二十四節也膝跨❶肘肩腕十二節也足指十節也手指十節也總之五十六節能貫串合外壯求靭性生彈力此屬於骨力武事也五臟六腑內部十一部組織也眼耳鼻舌勢此形於外而根生於內部五組織也以上十六

校注：
❶跨应为"胯"。

部能周行合內壯求導引得延年屬之於精氣神文

為也總之內外共七十二陰也由意志發令經神經

傳達於身中七十二陰此所謂陽戰陰也即以心行

氣以氣運身也二人推手對方動作身受觸覺由觸

覺而傳達於神經歸於意志使之變化此陰採陽也

即是舍己從人由己仍是從人也能如是採戰由屈

伸動靜見入則開遇出則合看來則降就去則升而

後表裏精粗無不達到矣若二人談話力求投機乃

耳心合一也若二人著棋力求變化乃目心合一也

雖有問必答見異思遷為耳聰目明之表現造成智

力之張本然中間高有思索之餘地以供志意之轉換若推手之陰陽採戰係身之觸覺一觸即覺意志立時變化中間決無思索餘地或起或落或合或柔或剛或圓方而後乃能審其虛實察其動靜隨其嗜欲見其意腦中千變萬化起伏無定順勢利導富機立斷以之臨事何事不辦以之臨國何國不治此練習高等智慧及身心合一之良法也亦太極拳所以異於各家之處能使人智慧增進之理由也倘學者果欲收太極之體育全功及增進智慧則對於推手術之陰陽採戰不可不習也陰陽採戰俗稱

聽勁不是耳聽是心聽也)戶內戶外均可運行五尺之地足供施展每日早晚二次每次各二十分鐘即可畢事與服務時間既無衝突而有用金錢亦無甚消耗真正可稱為■新體育最適合於不費錢不費時不費力之三不主義也

第九章 結論 審查太極拳之方法

中華立國根本在修身立德自數千年來遺留聖人之言明哲之訓莫不以和平是尚以禮讓為先若夫拔劍而起挺身而鬥目為匹夫之勇偏忍辱負重唾面自乾呼為豪傑之行此種習尚苟移在國外立場

則孱必鄙之為懦夫而不齒於人類矣此因各國國民性之不同亦古來遺教互異之故也惟國民性既不相同則所舉凡百事業莫不根據其遺傳性而相異如我國士大夫所喜之運動一端按照習慣須令有和平性質多喜用腦力運動而在身體部分不甚勞動者則視為高尚藝術倘用力稍過致汗發於背者衆必目之為粗野舉動而鄙棄之矣亦有藉藥力以代運動之效能力求滋補以強身不知愈補則身體亦愈脆嫩借物質以衛生愈衛生則身體內天然防禦機能亦愈薄弱此國家所以漸趨文弱不

一三七

振原因之一也當茲列強環伺之秋鷹瞵虎視之際國家存亡千鈞一髮為國服務之各項階級關乎國家盛衰責任重大不可言喻其所負興國責任決無餘暇留諸後進之餘地觀古今中外凡一代興亡其興邦關鍵即在多難之時能抗過多難則立轉強盛矣故處此過渡關口為國服務者苟不急起直追勇邁前進則中國之危誠不絕如縷所謂能起能勇者之觀念必須具有優越之精神健全之體格以為前導始克有濟第服務者為職責所在時間所限雖有鍛鍊之雄心而缺少修養之機會既不能如青年

學子每日有一定時間受公共之訓練作野外之運動且已屆中年或中年以上筋骨已不能如曩昔之活潑加之終日埋首案上筋骨無屈伸之機會枯坐室內精神缺振刷之時光致體質日弱精神日頹不可挽救嗟夫以十年求學之功滿懷經濟之志正臨此過渡關頭負有創造新中國之責任并為國家存亡之關鎖竟因體質衰弱精神不振沒世無聞豈非人生最可痛國家最可惜之事耶體育二字邇來賴政府提倡於上國民鼓吹於下分工合作不遺餘力盡宣傳之能事幾家喻而戶曉深知體育功效為三

一三九

育之根本其德智二育之效能賴體育以寄托而發展惟接受有職業者之體育究取何道合乎環境極為趣味之問題何為真正社會體育何為有利無害有時因職業關係心有餘而時間不許知識缺而判別不清若採諸報章體育一門所列者所謂百週二百週八百週萬週之賽程目的在求速度至生理上能否與速度同時而進於健康又一問題雖勉力前進一達終點比賽者賴眾人架之而行面白氣喘疲累不堪是否有利無害足令求入體育之門者望而卻步此其一也如跳高跳遠撐竿跳等賴其目的在

一四〇

求高度遠度由高而下落地面在生理內臟上能否抵抗非所計也此完全為高遠投術而練此其二也如籃球足球網球排球棒球台球哥夫球等賴目的求能命中目標非注重生理且非一人所能練習有時足球比賽蹓地抽筋損傷胸心足令傍觀者對於體育熱度一落千丈此其三也如標槍鐵球鐵餅目的求在擲遠使一部分關節特別發達亦非完全體育此其四也如練習普通拳術目的在求聲人之法及防禦之道祇求技術精進不顧生理有時面黃體瘦形於外表心胸受傷流入癆瘵此為投擊而非為

校注：
❶ "淌地抽筋"，应为"躺地抽筋"。
❷ "傍观者"，应为"旁观者"。

一四一

體育此其五也因是現在流行所稱各種體育若細考其內容及所希求點在性質上研究均非以體育為主體而意在技術不過技術之中含有若干體育之意耳能善用之亦可稱得其益不善用之甚且傷其生矣如再考完全能以體育為念者新式中有柔軟體操等類舊式則有八段錦等類也若採用精神以改造生理之體育法則有靜坐等法也以上三種可稱之完全以體育為主念者倘欲求一體育修練法兼能適合上列三種精義并使無須呼以口令之煩無須廣大空場之限不致浪費多量金錢不使精

神強制統一毋因時間而廢公務求能老幼均可學習其為太極拳第一集體育運動手太極拳一門經從政顯貴在野名人提倡已由鍛鍊投拳觀念一變為修養心身之工具專在第一集運勁上用功不注意投擊修練如何祇思體育如何進步打破昔日秘授之惡習變為公開之研究致男女各界黃童白叟相率加入宣傳之普遍教授之眾多誠非他種拳術所能同日而語也惟在此發達期內有一事足令求太極拳之體育功者深感阻礙之苦因其現時所稱為太極拳者實繁有徒名雖為一

而姿勢不同變換各異甲說乙非乙說甲錯使入門者無所適從未知孰是孰非倘觀摩個人姿勢其幼年架子與中年時亦自不同因其架子已隨其功夫增進而更改矣故幼年所授之人與中年所授者當然又不同矣其甚至同在一時同一師授同學者各人身體之不同亦有若干相異之處并有本以他種拳術見長者爲求淵博起見對於太極拳及各種拳術架子均能會走因時尚所趨迎合風氣亦以太極拳傳人則所傳者當然又係一種形勢矣致現時所稱之陳派楊派宋派鄺派等所傳者其姿勢各不相同

更無論矣若再考各派所以能成一派者當時自必有特種心得以適合個人修練方有成派之價值方可遺留迄今而不滅誰是誰非在初學者見識有限往往抱入主出奴之見學何派者即以何派為是他派為非拳架有以氣宇軒昂見長即有以嬌小玲瓏見效有以剛多柔少剛少見長不能強為判別優劣若向各派各人叩問所認為太極拳練習之精華唯一之中心奉之為根本之工心解者則各派各人均係一致視為金科玉律無敢荛異平時口之宣傳身之動作莫不以模仿工心解是求照

此情形雖形式有差而精神所希求點尚無大異故工心解可為太極拳統一各派之原動力亦太極拳能傳至現代尚能獨樹一幟不為他種拳術同化者亦賴此古來遺留之工心解作中流砥柱耳惟太極拳之全路架子可長可短可複可正練可反練可敬練可整練無新舊架子之分無高低架子之別無一定限制無一定着數周而復始過過不絕有以柔見長者即用第一級運勁功架子以傳人有以剛功見長者即用第二級發勁功架子以教人有善用着者即以着擊為主勁為實之架子有喜用勁者即

以勁發為主著為賓之架子又有一種緊湊架子為開展多年之後成而得之方講緊湊故形雖緊湊然精神中仍含有開展時之意味在已習開展多年者習之極有功效又有一種外剛內柔架子為柔運多年之後成而得之方使剛勁現於外故形勢[1]雖剛然運轉時仍然含有內柔之意已習柔運多年者習之極有進益按照工心解係由柔而剛運多年者習之極有進益按照工心解係由柔而剛由弛而張由展而緊由高而低為練習之程序然外間不察睹此種種不同之架子疑為太極拳種類繁多有剛架柔架之分有大架小架之別殊不知乃教

校注：

❶ "形势"，应为"形式"。

授於次序之不同傳授者專長之各異學習者目的之不同並非太極拳有兩種精義也如果教授太極拳者能在未授之先施以學科講演使知太極拳強健身體之來由增長精氣神之法則運勁慢柔之學理太極根本之所在並在運使時常存下列意志

1. 使極其柔而不盡於滑拳
2. 使極其剛而不入於硬拳
3. 使極其輕而不流於漂浮
4. 使極其沉而不趨於滯重
5. 使極其圓而斂藏摺疊

6 使極其方而微帶殘餘
7 若緩則與呼吸相開合
8 若速則與意念而俱到
9 若弛則身腹俱鬆淨
10 若張則神氣均振盪
11 若蓄則五弓齊接筍
12 若發則九節互貫串
能如是一一了然於心然後施以術科教練則練習者自不至暗中摸索悞入歧途而懷疑矣故在初學者應不計派別如何架勢如何祇須認清工心解為

一四九

練習標準能合工心解運用精神者則為正宗太極拳違背工心解原則者姿勢名稱雖同亦不能稱為太極拳也是以工心解者太極拳之南針也能按其精義逐日練習不怠不倦最小限度必可小成胸開暢內臟健全對於所任事業感覺興趣血脈調和增進毅力智慧日敏百病不生如進境日深漸及大成則延年益壽起神入化大徹大悟既能解脫於恐怖窒碍之幻境乃能達到大無畏之精神當此滄海橫流國家多故為國服務諸同志其亦聞風興起對此生命修養之太極拳學昌亦嘗試之乎（第一

(集已完)

第二集 太極拳內之技擊練習法

第十章 專修發勁之理由

太極拳一門在修鍊精神及鍛鍊體格在體育一項內實為最上法門已如第一級所述惟此項拳術明清兩代名家輩出北派如王宗岳蔣發陳長興楊露蟬楊班侯楊健侯諸先生等南派如張松溪葉近泉單思南王征南甘鳳池諸先生等皆以毅勇稱雄於世號稱海內無敵其拳法與外家分庭抗禮集各門之大成深受各派之崇奉精湛宏深實無其匹而稱雄之道決非專恃精神體格雙方強健遂能摧敵如枯

一五二

也蓋人生體格堅強精神暢旺此屬於體育之道體
育目的僅使精神身體健康而已至於技擊則在防
禦他人及攻擊他人自非專賴健康所能成功也蓋
體育與技擊在性質上全然為兩道一在體育為主
一在技擊為能若言技擊則對於攻擊他人之工具
即以自己之勁藉關節彈性加之他人者乃為技擊
之基礎豈可置之而不顧乎蓋體育者文也内理也
運勁也知覺之本也技擊者武也外數也用法也運
勁之根也在一放一卷得其時此文之本也在一蓄
當一發適當其可者此武之根也若人完全文為此

柔軟體操也此練身内之精氣神也倘人完全武用
此剛硬技擊也此練習身内之筋骨也精氣神旺為
內壯也筋骨強壯為外壯也由內及外先柔後剛為
太極拳修練之宗旨拳經有云非乃武無以尋運動
之根非乃文無以得知覺之本文無武之預備是為
有體無用武無文之伴侶是為有用無體獨木難支
狐掌不鳴若有外數無文理必為血氣之勇有文理
無外數徒為安靜之學故自用及於人之文武兩字
不可不知也故在練習運動之後苟不繼之以習發
勁豈非成為狐掌獨木乎成為有體無用乎茲更舉

數端以資證明如欲練習太極拳之技擊功效及收體育之筋骨功效者其藉關節彈性之發勁修練實為不可少之理由縷列於左

(一)中國武術向來師授於徒師各傳其神祕徒學於師徒又各守其心得迄今百年來人與人殊地與地異即同一師授亦各有不同太極門所授者惟十三勢及長拳等之運勁推手大擴等之懂勁目的在求懂其勁其中間有因試驗而發勁但所發之勁不能正確致有對方發生束倒西斜之苦況推手時非同門即好友雙方交手目的在粘黏在

化勁如發勁祇能見意而止事實上不易辦到如師與徒交手仆如無根之木因工夫相差過甚發勁上仍不能得到若何進步是以在平時對於發勁竟無相當訓練則關節有圓活之能有鬆開之巧無貫串之能無完整之功一旦臨事心欲發而手不應因手無彈性之故也手欲發因遲緩而失去時機因其不能貫串而相隨也心欲進而步不隨因其上下不能貫串而相隨也即能發而不正確因其彈而不準也諸如此類苟不專門練習發勁如無子彈之武裝安能望得心應手以摧敵手此

可證明必須專練者一

(二)現時走架子習運動者比比均是未見架子中有若何發勁之點倘果無須專學發勁何以拳經中關於發勁說明甚多如發勁如放箭發勁須沉着蓄而後發力由脊發各語與運勁名詞同列重要地位不分軒輕似乎與運勁同一重要倘徒知有發勁之名稱而運使拳時未見發勁之手或祇二手如搬攔捶等乃向外看擊而非發勁也此可證明必須專練者二

(三)練拳時規定運勁如纏絲如繅麻徐行而不疾然

拳經內云動急則急應動緩則緩隨形抗五嶽勢
壓三峰由徐入疾由淺入深並云練拳時先求開
展須緩運慢行後求緊湊須疾動迅發徐中應有
疾疾中亦應有徐但普通練太極拳者專在緩徐
上注意未見有入疾運動一旦臨之以疾安能望
之以疾應哉山可證明必須專練者三

(四)拳經云萬不可有一定架子恐日久入於滑拳又
恐入於硬拳也云云如照現在普通太極拳運動
架子周身綿軟運使運緩或周身剛洴運使如風
常日練習稍一不慎真有入於滑拳之可能又有

入於硬拳之可能也足見其真正太極拳架子必像在滑硬兩者之間柔而不滑剛而不滯否則決不能有滑硬兩者之說也此可証明其必須專練者四。

總之以上四點可見太極拳決非專恃文功運勁一途即能稱為太極拳術也明矣若發勁亦非專向前方一端擊發即可稱為技擊也蓋能使文功得武事連貫前進外壯繼內壯而修庶免有體無用或有用無體之虞期成剛柔相濟忽剛忽柔之功也故欲練一外柔者須常走架子鬆開關節動似江河鼓盪其

一五九

氣使之發揚也

2 內剛者須常站架子單式運動完整關節靜如山嶽收斂其氣使之入骨也

3 柔而能化者須內含堅剛以運勁也

4 剛而能彈者須內藏圓靭以發勁也

倘剛而不能彈內剛不能外現乃無用之剛足以發生停滯之病矣影響鬆開之柔甚重且大故學者欲以修練精氣神之後尚須繼續修練筋骨之法以收體育全功者則發勁不可不學也蓋鬆開圓活之後繼之以貫串完整使筋節能脫亦能接能放開亦能

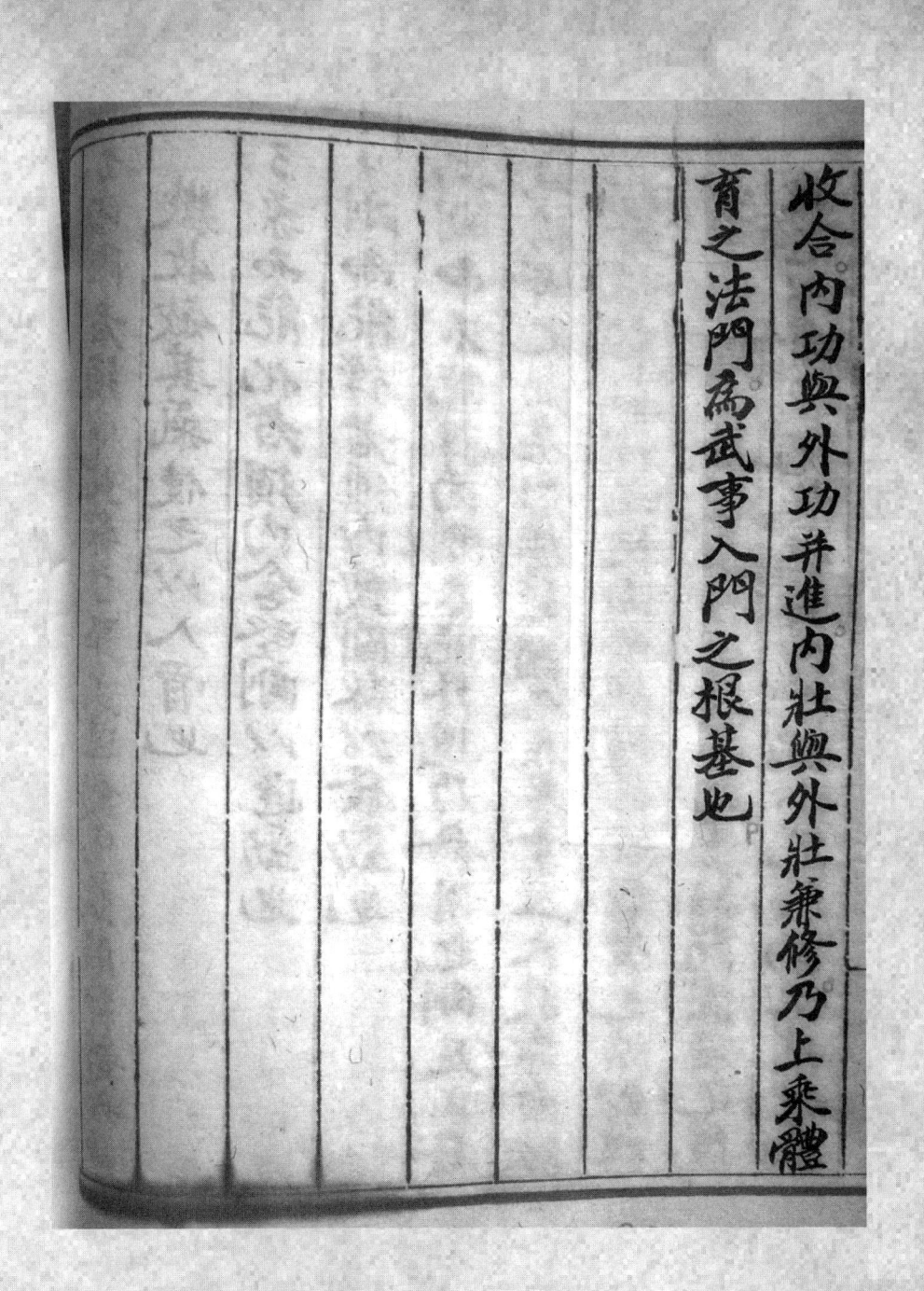

收合內功與外功并進內壯與外壯兼修乃上乘體育之法門為武事入門之根基也

第十一章 練習發勁之時期

人降生之初舉凡全身各項關節本屬柔軟圓活因柔軟關係所以手不能舉物足不能邁步厥後內部充實筋骨堅強而後逐漸能支持一切者因常時運動久久增進其支持力量遂可担任重大體力致能舉重任遠也及至老年因內部氣血虧減筋骨萎縮堅硬日漸退化兼之關節靱帶附着石灰質而生硬脆之性有如樹枝因內質薄弱而生枯腐又不能勁又如成嬰孩之狀矣惟童年係血氣旺而筋骨柔所以不能支持一切在老年則為筋骨堅而血氣衰

亦不能支持一切老幼形相同而實相反倘欲其實相同於少年之時則須常使氣血不衰關節常靈活而後可以返老還童也所以先以第一級運勁體育功使之內部堅實有如童年之身體而担任成人之實業倘果如斯方可稱之為完全體壯之人也

蓋氣血常能活潑貫通新陳代謝為之旺盛則內臟充實自然趨於健康之境矣內部既屬健康乃可向外發展進一步作發勁之鍛鍊發勁屬於鍛鍊筋骨工夫❶近於剛硬武事若內部未曾修鍊堅實發勁勢必有震動內臟之虞矣此太極拳非待內實後再習

校注：

❶ "鍛鍊筋骨工夫"，應為"鍛鍊筋骨功夫"。

發勁所以為有利無害之大特點也故曾習運動多年者倘欲進一步求筋骨之堅強作武事之研究以期得收體育全功則繼續練習發勁為當然之程序此種定理深合乎內家由內及外運柔成剛之主旨也惟運動者應練至若何程度在何時期內方可練習發勁此屬於最饒興味應須研究之重要問題也或曰練習發勁最好假定在練習運動後若干時日後即從事練習最為便利惟考人之身體根本強弱不同生理上各部份發達亦有相異練習之勤惰又有各別人之智慧又有高下故不能以時間為比例

倘或以盤架子之多少為度則盤架子時精神專注與否又有關係故不能十分確定最好練至何種程度作為標準較為有益耳若考練習真正發勁之適愈運練亦愈有效蓋極柔軟然後極堅剛而後剛柔兩者變化方得發生極顯明之剛柔焉然常有性情急進者久練柔軟後覺無成效不能以應投聲之用苦不能耐性往往[1]提前鍛鍊不計剎辭非正當之道也似應有一種限制方不致候入歧途連影響柔勁致成非剛非柔之勁致兩者變化相差無幾有失太極之精意也茲假定四種限制如下

校注：

❶"徃徃"，应为"往往"。

(一)姿勢運用未曾達到圓時不可學發勁

太極發勁為弓之彈力運動動作屈曲如弓如未曾練成弓形之圓何能練習弓性之彈且運之成圓必須成為氣能貫串之圓倘氣不貫串則為數節之弓弓成數節外皮雖包紮如一內部已斷雖欲上弦安能望其發生彈力哉

(二)關節未曾練至充分鬆開時不可學發勁

關節未曾鬆開氣遇節即滯而不能通行不通行則不能貫串有如屈曲之弓雖學彈決不能望其正確而出也

(三)運勁未曾練至棉軟性時不可學發勁

太極主旨本在剛柔相濟忽剛忽柔柔則如棉剛則成鋼未柔而練剛有如牛生不熟之米且練剛只知用剛而不能含藏柔勁出手即剛有失柔化之功也

(四)氣不能充分鼓盪時不可學發勁

氣不鼓盪不能由丹田至掌指之端氣不經過此項路綫則內臟不能健康而充實若即練習發勁易使內臟受震動之患矣

以上四種假定暫可作練習發勁時期雖不能認為

極適當之過渡點然在此時間內練習發勁可云無害不致影響於運勁之功成為停滯之病也

第十一章 發勁與用着之異同

太極發勁主旨是將自己之力曲中求直發生彈力使之越出身外加之對方并令對方因力發生二種現象。一種受力不傷而仆一種受力不傷其不傷而仆者是能牽動對方即發不論對方有無空隙即擊不問對方形勢如何根斷與否祇計其有無隙也所謂遇空即擊者用也所謂牽動即發者勁也

在各項拳術能致上乘者多數先求剛而後柔故先

練用着擊而後練發勁如少林以骨力二拳當先精氣神三拳殿後此其証也在太極拳則反其道而行先練柔而後練剛以極柔軟然後極堅剛故先練習發勁然後練習用着擊所以拳經有云先知四正得來真採挒肘靠方可許之句如在練柔時不求勁而練習用着則與其他拳在練剛時練習求勁而不着擊同一違背原理之修練也

蓋練柔時惟一希望在修練粘黏連隨四種精神力求不發生頂遍丟抗四種病象若在該時不求勁而用着則四功難得而四病不易除矣緣着之功效在

求快求剛在重學上着爲槓棍之妙用利用秤錘原理以輕撥重遇空即擊若初步求快其手足必輕飄而不沉因未經鬆開與收歛且無氣功貫串於內若勉求沉重則爲滯重且爲勁鼓氣滯之重矣若身手已成濡滯之性後再求運勁功使之鬆開去剛求柔去着求勁無論如何用功必仍含有若干剛滯之性存於其中倘欲消除殆盡事實上不易辦到是徒費苦心不能收眞正太極拳之功效此楊健侯先生對於曾習他種剛勁拳術練有成效者不肯收爲門下之故也。

如先練勁是從柔軟上入手先求輕靈之效漸收圓活之功由鬆至緊由隱柔至現剛待現剛後而再用着其着內自然含有粘黏連隨功效矣且仍為輕靈之剛也蓋輕則靈靈則動動則變變則化化則擊而且為一種靈活之着也手中含有粘黏性者其開合變換速而空隙少對方受粘黏勁則不易丟開而換着其空隙反較不粘黏時更增大倘至該時能牽動則發勁不能牽動而用着則易如反掌因太極拳之着仍含有粘黏連隨精神附屬於內能用着忽然變勁由勁亦能變着忽着忽勁着至為應用為繫之

上乘不獨太極一拳而然此茲應將勁著性質不同之點先行分別於下

(一) 勁是含於內而發於外著是形於外而擊於外
(二) 勁是主力對待著是斥堠戰鬥
(三) 未接觸前須用著已相持時須用勁
(四) 在圈內用勁出圈外用著
(五) 化對方之著用勁求擊中對方用著
(六) 用著是遇隙而速擊愈速愈妙用勁是視對方速度而定動急則急應動緩則緩隨
(七) 用勁是不牽動不發對方根不斷不發用著是

一七三

遇空即打遇隙即擊

(八)用勁求仆退對方用着求擊中對方

(九)勁可聽不可見着可見不可聽

(十)勁以四正為主而着為附此着以四隅為主而勁為附此

(十一)勁窮以着助着窮以勁補

(十二)練習運勁時求着能合於勁練習發勁時求勁能合於着

綜觀以上十二則即可認清着勁之分矣雖着勁可互相變換然在重學上全然兩種精神以勁是勁而

着是着勁有勁之修練法而着有着之實習道不能
因勁懂而即會用着亦不能因着熟而即會懂勁蓋
勁着全然兩道也倘欲求爲技擊功用必須勁着互
用方爲上乘如缺其一則爲孤寧難鳴矣拳經云功
夫能致上乘者亦須獲採挒之功此之謂也所以稱
四隅爲補助四正之窮而用也然則何以知四隅之
稱即是着也如考四隅之中肘靠二隅手因四正已
攻出方圓之外失其功用已不能再用勁以變化故
不得已以二道防線之肘靠二隅手助之而續擊也
因肘靠乃是擊非發也再四隅之中採挒二隅手則

校注：

❶应为"孤掌难鸣"。

完全為着之精神所有用着之挑攔提釣挫撒鉤剪衝摟牽等名詞無不均在採挒之內換言之採挒二字即防禦與攻擊二者同有之精神也惟以着用之於防能否堅固用之於攻能否即克是在得失參半之中蓋因深入對方圍內祇求速求準而不問勁之如何對方形勢如何此若用四正法之防禦及攻擊則與用着完全相異勁是用粘黏引導對方入於自己最便利能攻能守之地帶不愁防之不固攻之不克若以攻言之不牽動對方不使我之勁發現於外對方根不斷不得我之勁加之於彼故不發則已

發之必仆此用勁攻取最為安全之道而不虞深入之害也但用勁須引進使之落空後再使之合出再用着擊所謂引進者吞也仍以着引居多仍必用着以補助勁也倘對方自行進入圍內則無須着之運用以勁迎之化之可也所以稱着為斤堠戰也所以用着以言對待則得失參半蓋着遇隙即用不計對方情形如何且深入他人圍內之故也此者言勁則係完全安固以知己知彼為前提故太極拳創始家欲求立於不敗地位舍着而言勁矣有如聖人以仁義當先亦係先立於不敗之地同一理也並非太極拳

不許用着及無用着之時也以太極拳係採各拳之精華豈有他項拳術認爲攻人之着使用靈巧應用最便之法而不採用乎不過太極拳以勁爲主着爲附耳四正當先四隅助之耳亦如聖人以經爲主權爲變也然多數太極拳練習者每日修練惟勁是求雖曾練習用着如隅手而不屑應用致有徒費心機之歎不但現在如此即古來未曾練就之太極拳家亦同具此弊所以拳經有採挒肘靠更出奇行之不用費心機果能粘黏連隨者得其環中不支離之句也又可見太極拳并非祇推用勁發人而不惟用着

擊人也拳經云四正四方也初不知方能始圓既知方圓復始之理無已焉能有出隅之手緣人之肢體及內之神氣甚難常合輕靈方圓四正之功始出輕重浮沉之病此病若生則有出隅之手矣譬如半重偏重之滯而不正自然為採挒肘靠之隅手或雙重填實亦出隅手也病多之手不得已用隅手扶之而歸圓中方正之手四隅之用因失體以補其所失云云故掤之不足可以採挒助之攦之不行可以靠濟之擠之不動可以肘擊之按之不定可以挒擊之看之擦之不動可以肘擊之按之不定可以挒擊之看勁互用正隅相變實為太極拳修練之正途也

太極拳練習勁著程序約分四步如下

第一步 單式運動時姿勢中正一舉一動使含有著之意義

第二步 成路運動時使著合於勁而同化為勁以勁為主

第三步 發勁時使勁合於著而以著為主

第四步 對待時忽勁忽著互相倒換牽動則勁發空隙則著擊以練習發勁時應知尚有著可濟發勁之窮也

第十三章 指掌捶之專習

着與勁既居同等重要地位為四正四隅之代名詞同居八門之中在發勁有不牽動不發之規定因其不能牽動雖發之亦不能動不動則生頂抗二病矣故研究發勁須研究牽動之道在重學為摩擦勁

其摩擦原理

第一項。須兩物相貼之摩擦點要面積大面積愈大其摩擦力發生亦大

第二項。須兩物緊貼愈緊貼其摩擦牽引力亦愈大若稍離開則無矣

此所以不許區丟之原因也故增長摩擦力量須相貼愈緊面積愈大愈妙此為掤攦勁必須修練之理也故用四正之勁按時須平掌以掌心印之掌之面積約六方寸如掤以臂貼之也如攦以臂摩之也擠以臂推之也臂之周圍一轉至少在四方寸以上也如欲用着則不然矣須返其道而行矣面積力求愈小愈妙着擊之處面積愈小則被擊受傷愈重假定人之體力每一方寸能受二十斤碰擊力倘用百斤之力以平掌擊之其掌面積為五方寸則被擊者可以抵抗而不虞受傷因其有五方寸之面積其身

足可担任也若改以掌緣切擊之其掌緣面積至多不過二方寸以百斤之力擊之者則每一方寸為五十斤之重人之身體本假定每方寸能受二十斤以五十斤之突擊安能忍受必受傷而無疑矣此所以發勁須力求面積大方能牽動着擊須力求面積小之原理也

若用於着擊者之器以指之面積為最小最為合用有用一指或二指相拼者或用三指四指相合為一者按照拳經太極拳各式內用指者如下

似閉指　撇步指　射虎指　穿梭指

指之運用時有屈指有伸指有攏指有開指四指之外尚有量指焉

第二囬積最小者爲捶因爲太極之捶與少林同樣屈指爲虎爪捶以指之中節凸出捲而爲捶以捶尖擊人取其面積小也若用實拳則面積大矣茲按照拳經太極拳各式內用捶者如下

搬攔捶 指膛捶 肘底捶 撇身捶

四捶之外尚有覆捶爲其次運用時變化爲捶者尚有通山捶葉下捶背反捶勢分挫捲挫

第三面積最小者爲掌以用看擊人之掌非發勁之

掌為掌緣而非掌心因以掌根擊人也按照拳經太極拳內各式內用掌者如下

摟膝掌。白鶴亮翅掌。單鞭掌。通背掌。

四掌之外尚有串掌焉若運用時變化為掌者尚有

推山掌射雁掌換轉掌對掌

以上指掌捶為着之運用乃擊也非發也

按指捶之採擇各有應用之處按照拳經規定分列於下

如含有按推切砍性者用掌

如含有拿揉抓閉性者用指

如含有聲打性者用捶

如含有挫摩性者用手。

凡練習着聲者多用空擊空擊能使關節鬆開而伸
長在科學上呼之為拉力也若擊中一物則關節緊
而縮短在科學上呼之為抵力故空發時與擊中時
手中感覺完全相反也如在平時常練鬆開者經驗
有素一旦臨之以緊縮忽然變更手之感覺安可得
乎況用看擊者面積小使受擊者重其傷雖受擊者
面積小不勝其苦然用着聲者其所用指掌捶之尖
亦小倘該尖未曾練習與物相碰擊之法亦安能勝

其苦手有時斃方未受痛楚而自己之指掌捶已先飽嘗之矣故欲用著者對於用著之尖點不能不加以修練若不練豈非成為臘槍頭手。

故為技擊根本計對於指掌捶三項為攻擊之利器如器不精雖有良工亦不足善其事也所以對於三項必須加以鍛鍊且練之不可空練應向與身體同等硬度之物質而擊之貫串全身力量沉著鬆靜以擊之待有經驗而後應用時方可得收實地功效也

練指假定分四種如下

練似閉指時以平伸出之

練拟步指時以屈曲出之
練射虎指時以抓擅出之
練穿梭指時以點開出之
指之數目或用一指或用二指相拼或三指相合或四指相連任憑各人自擇本無若何規定
練掌分四種如下
練摟膝掌時以轉換式出之
練亮翅掌時以對掌式出之
練單鞭掌時以射雁式出之

練通背掌時以推山式出之

以上四種掌法以掌緣切取而以掌根擊之為上也

練捶分四種如下

練搬攔捶時以勢分式出之

練指禮捶時以捲挫式出之

練肘底捶時以葉下式出之

練撇身捶時以背反式出之

以上三種指掌捶練習時使勁合於着先使勁能運化而後以着擊之蓋指掌捶為用着之器械無器械

何能用着此屬於操捌二字之主幹工具也。

第十四章 發勁根本與重學

凡研究發勁者必先知蓄勁蓋發由蓄生蓄得滿而發得足曲得緊而直得脆也即曲中求直其直須由曲中所生也拳經云蓄勁如開弓發勁如放箭可見蓄時引滿如開弓而後方可迅發如放箭也人身之弓以大者而言爲五弓接箇而成即一身弓二手弓二足弓且係不同之弓手弓向前曲足弓向後曲求能連接爲一自不易也如一箇不接則弓缺乏彈性矣且手弓係向上灣①之弓身弓係向前灣③之弓腿弓係向後灣②之弓若用指發足點則在手足之端又各

校注：

❶~❸ "灣"，應爲"彎"。

加一小弓矣如第一圖故欲集合各弓之彈性連貫為一使之天衣無縫則各弓均須有平衡之灣度緊密之接筍而後方可貫串如一也所以用墜肘以求手弓之灣度也以含胸而求身弓之灣度也以曲膝而求腿弓之灣度也試觀彼載重之拱橋能任載十倍以上之壓力而不崩潰者因其有灣度以自固其橋身也倘有數弓聯合而成之弓必須各弓接筍處使之貫串投窾如一因上接在肩所以況其肩因下接在跨所以開其跨無非使之接筍如一也倘有一筍不接則此弓無彈性而成偏折之弓矣全弓失其

校注：
❶～❺ "灣度"，应为"弯度"。
❻❼ "跨"，应为"胯"。

效力矣不能週身一家矣須有平衡之灣①度腰腿手均須一致灣②也此太極運使時必須圓行圓走是使之無時無刻脫離弓形也倘弓久灣③而不直漸成習慣則漸失直性安能發生彈力哉故一物能灣④亦須能直灣灣直直而後彈力自必日進焉倘一弓能灣⑤而不能直則此弓決無彈性矣此蓄勁與發勁均須順序繼續而練也平時運勁之運動是使此種弓料有屈曲灣⑥圓之性并須使此弓料灣⑦圓而其中富於彈性因有彈性之灣⑧圓方能稱為弓料灣⑨圓不則雖灣其形而不能直其性則仍失矣料之意義矣所謂弓⑩

校注：

❶~❿ "湾"，应为"弯"字。

料之彈性者即太極拳之練掤勁是也如運使此拳時已入第二期內雖有灣柔之形性而其中未含掤勁則如象皮之弓此之謂滑拳非太極也如運使此拳已入第二期內其中有曲硬之形無灣柔之狀則如玻璃之弓此之謂硬拳非太極也是以不能灣柔及無彈性之物決不適用於弓料因是不能灣柔及無掤勁之拳決不能號為太極故練習太極時無一時許離開掤勁即時有弓料之價值在焉如弓料已具尚須能上弦以開弓并須能脫手以放箭至應否拉放及射中與否此屬於懂勁功也本篇暫置勿論

校注：
❶❸❹❺ "灣"，应为"弯"。
❷ "象皮之弓"，应为"橡皮之弓"。

兹所論非求能否命中之道及應否拉放之時乃求開弓放箭之法能開能放之道其法則按照拳經用四字以代之

(一)脊字 拳經云力由脊發也手弓中心在肘足弓中心在膝身弓中心在脊如將五弓連貫為一則總共中心自然在脊矣故力由脊發係五弓動而全身動矣且脊弓位置在兩手弓及兩足弓之中心有如工字形是脊動即像五弓中心之動也如左手向前發而右手雖不發人仍須下沉而發此保持身之平衡力量也倘力不由脊發則五弓不能貫串且力量

祇有一手弓之力居於一隅之地或且牽動本身其力相差之大自不待言也故拳經云欲要得機得勢先要週身一家欲要週身一家先要週身無有缺陷①云云無有缺陷者全身均有曲線如弓背也而後脊一動則全身動矣故脊為開弓之拉點亦為脫手放箭之主點也

第一圖

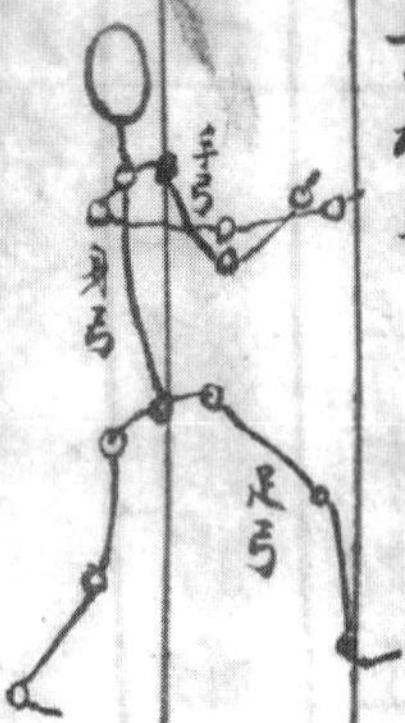

（二）蓄字 拳經云蓄勁如開弓開弓者使弓之彎度③加大也然彎度亦有限制若在九十度以上之彎度⑤則彈力減此重學之定理也若脊弓可左右前後而

校注：
❶❷应为"缺陷"。
❸~❺"湾度"，应为"弯度"。

一九六

生灣度天然在零度至三十度之間不能過大故無

虞有若何缺陷也不過脊弓因天然構造左右前後

均可使灣故脊之修練反較其他弓為最重要為最

難練矣若手與足則不然矣蓄雖可至百五十度之

間惟練太極拳達蓄時應當顧慮無大至九十度之

處過九十度則近匾之架子易成老步之病

此証足弓為匾之失也手須含掤勁不貼自身而動

正保持手弓在九十度以下之灣度使之不匾也惟

手足二弓祇能向一方灣此與脊弓稍有不同者也

在蓄發二字本為一貫名詞不蓄不發蓄而後發曲

校注：
❶❸❹❺ "湾"，应为 "弯"。
❷ 应为 "缺陷"。

一九七

中求直求直者是由灣性而求直其性也非言須正
足百八十度挺直方可謂直也蓄時後足灣度較前
足大發勁時前足灣度較後足大此種轉換在後足
發生彈性假定以此例為三上傳至跨由跨傳至身
弓加增彈性假定以此例二再向上傳至肩由肩傳
至手弓再加增彈性假定以此例一待至掌指之間
此三種弓彈性貫串如一總計六倍力量矣此發勁
貫串之姿勢也
如第二圖倘欲蓄勁則後足弓挫而灣度大其前足
扶助後足有撐力使後足易成適當之灣形上升至

校注：
❶❷❸❻❼ "灣"，应为"弯"。
❹❺ "跨"，应为"胯"。

一九八

脊而手弓之勁自向後行也。

如第三圖倘欲發勁如左手向前發其右手扶助左手而連貫下沉以保持肩度平衡其前足弓發生牽勁以帶後足弓而向前故無論蓄發一動則全身無有不動均以脊為樞機之弓也故蓄者須三弓接筍而上弦之謂也其一手一足一身為主幹貫串之點而其餘一手一足為附屬扶助而動也所以拳經稱之沉著鬆靜專主一方也以示手與足均有虛實陰陽正副之分也

第二十圖　　第二十一圖

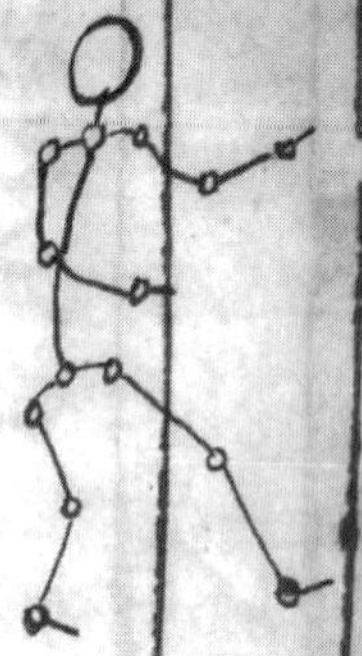

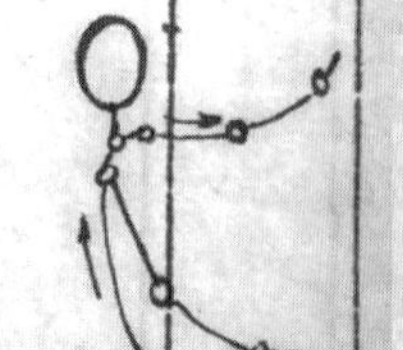

(三)沉字。拳經云發勁須沉着勁能沉則弓性剛而彈性大勁能貫串全身而沉着則支柱固而發勁脆柔中帶沉是真沉不柔之沉謂之僵自覺沉而對方不覺沉因勁仍藏自身此真沉與重之不同蓋重爲填實而沉爲膽虛也能真沉而後可加之對方使對方重心安定之身爲之移動身外蓋蓄勁有沉功則可名之爲牽蓋牽若平牽對方能用隨以應平牽則牽空矣若轉牽對方能用滾靠以應轉牽則牽空矣。

對方之根仍可不斷也因足之位置多係前後排列若施之以前後之牽則對方足可隨之而前後也若用下沉之牽則對方足尖實而足跟起矣此種牽勁對方不能隨易使對方有根斷之現象也所以如用牽非沉不可也發勁帶沉發此中含有向前向上斜行之勁為四十五度之圓勁也過對方勁來能接筍而向上行則對方重心移動足尖隨之而起而對方身向後仰矣亦可呼之為錐勁也故沉功在蓄發兩勁中為最重要之條件如勁不能沉則對方根不易斷而所發之勁

終無令對方隨之而斷也。

(四)箭字 拳經云發勁如放箭蓋喻其速也使勁迅速如箭以穿其的也在精神方面含有勁能注射內部之可能非祇達到表面即為足也有如摧擊紙窗有入內之可能性也人在未練之先身體多係整塊其關節活動力量祇能供給平日工作坐起走跑拿搬等範圍其進退起落其弓均條四十五度以下之式若用於武事其活動力量必須超過以上度數方可應付一切故練習運勁是使節節鬆開而後方能圓活如珠故須徐運慢行使用精神驅使關節節

放寬範圍此不得不以勁隱於內柔運於外徐徐而行之原理也若至發勁時即將已練成鬆開之各種關節再使之一一接筍而貫串排列完整而為一氣使內隱之勁實現於外上弦之弓忽然脫落則彈力因急遽變換而能使彈力充外發矣此發勁須速與運勁須慢同一修練之原理蓋能發而後彈力充力量宏且不至失去應發之時機為得心應手之表像所以此之如放箭也

總之以上四字為練習發勁之方式習發勁者如未合四字之意或缺其一則所發之勁終無是處也

第十五章 八門五步之單式發勁

在技擊中最關重要者為手之修練因指掌捶不過手之一端而根本運用仍在手也一切擊發除靠勁內之四靠外無不賴手之變化以定高下否則搶頭式之指掌捶無論練至何種高深倘手之運用不靈則指掌捶終屬徒勞而無益有如赤子授之以利器在握而不能擊人同一理也若手雖良仍須助之以腰腿夫腰腿修練在第一級運動論內已說明大概如合於手之運用乃為基本姿勢所討論者在手蓋一切主力攻擊均以手為轉移以足為附所以在發

勁論中以手之修練為最要手之運動以纏絲性為獨一無二之法門此屬於防禦精神化他人之勁也手之發勁以有彈性為最高法門此屬於攻擊精神破他人之勁也觀名家之手能節節發人則其手自必曾經節節鍛練也明矣決無平時此點未經鍛練發勁而臨時此點忽能擊人世界上決無此理也故練太極拳者當就根據拳經規定之練習發勁法以研究之其研究程序先將指掌搓練有相當程度進一步而練單式發勁法使人身所有手足活動範圍之內者應使無一不有相當之鍛練能發能蓄待蓄

發俱能後方可談到應用也不但學習發勁之後可收體育內骨力之功且因此項練習能使全身成一豐滿之球形周身不致有所缺陷成為洩氣扁形之球盖身有缺陷處即是滯處身有滯處則不能貫串如一以發勁矣視發勁是否得勢即可證明身之有無缺陷也因有缺陷則所發之勁浮搖不定且不沉實或且無法使之突出也

太極拳已略示於人其功夫修練係由八門五步而求平時走架子是使此八門之勁隱藏於內而不發於外并非不能發也如未曾鍛練八門發勁者此可

校注：

❶~❺应为"缺陷"。

二〇六

謂真不能矣可謂內裡空空說不到隱藏於內也故練習單式發勁應以八門為主使門門均有發勁經驗然後其走架子之精神內自有八門之勁隱於內矣可云與未習發勁者之動作當然完全不同矣因是如學習此拳者徒知八門之運勁未知八門之發勁可謂為祇知陰不知陽祇知柔不知剛也知半數太極拳不合太極兩儀之用此非太極拳也茲分別說明八門發勁成為八路勁意拳分路鍛練如下

（十四）正之發勁

第一路 掤拳 施擺勁於先而後掤發之

掤勁為太極發勁中最安穩且最有用之發勁也掤

之發勁距離大約為寸數者居多由微蓄而抖出精神一振突然而發為最有彈性之勁觸至何處即在該處發生彈性功用完全為內勁功用為最難修練之勁也

(1) 分掤左右下上順步前進 擬步前進 左顧 右盼
(2) 分掤右左上下順步後退 擬步後退 左顧 右盼
(3) 分掤行平 左足前進 右足後退 左顧 右盼
(4) 分掤行平 左足後退 右足前進 左顧 右盼
(5) 分掤垂下 右足前進 左足前進 左顧 右盼
(6) 分掤垂下 右足後退 左足後退 左顧 右盼

(16)	(15)	(14)	(13)	(12)	(11)	(10)	(9)	(8)	(7)
左手上掤	右手上掤	左手單掤	左手單掤	左手單掤	右手單掤	右手單掤	右手單掤	雙手合掤	雙手合掤
順步前進	順步前進	順步左顧	順步後退	順步前進	順步右盼	順步後退	順步前進	右足後退	右足前進
			拗步後退	拗步前進		拗步後退	拗步前進	左足後退	左足前進

總計掤發勁四十二點每點練習時若以三數發之則掤拳一趟共為一百二十六發矣。

第二路　攦拳　施掤勁於先而後攦發之掤攦二勁為發人最儒雅之動作亦為太極拳獨具之功用以纏絲勁為基礎即所謂立體圓形此攦勁發法須起點慢而終點快如〇字形攦勁之發即在終點摺疊而切之如切肥肉以月根處之最後一沉所此攦勁本為化勁之要素攦後能發尤見太極拳之精妙所在也

(1)沉攦也　右手順步牽攦　右手拗步牽攦前進也

(11)	(10)	(9)	(8)	(7)	(6)	(5)	(4)	(3)	(2)
提擺	提擺	提擺	平擺	平擺	平擺	平擺	沉擺	沉擺	沉擺
順步後退	順步前進	順步前進	順步後退	順步後退	順步前進	順步前進	左手順步拏擺	左手順步拏擺	右手順步拏擺
拗步後退	拗步前進	拗步前進	拗步後退	拗步後退	拗步前進	拗步前進	左手拗步拏擺	左手拗步拏擺	右手拗步拏擺
右手也	左手也	右手也	左手也	右手也	左手也	右手也	後退也	前進也	後退也

(12) 掤攦 順步後退 拗步後退 左手也

(13) 分攦 左足前進 右足前進

(14) 分攦 左足後退 右足後退

總計攦發勁二十八點每點若以三數計之則攦拳一趟共為八十四發矣

第三路 擠拳

凡兩種不同方向之前進勁至交义❶之會合處合而為一謂之擠勁每逢發擠勁乃將兩手弓之勁貫而為一歸併於一點作為弓背用以臨人其比較掤勁容易練習者因此弓有兩支撐點也（即雙肩）發出之

校注：
❶ "交义"，应为 "交叉"。

勁亦比較容易中正而易集中且擠勁之彈性堅靭而姿勢緊湊保護胸部容易週到能擠發而後方可學習掤發此定理也

(1) 平擠　右手順步前進　右手拗步前進

(2) 平擠　右手順步後退　右手拗步後退

(3) 平擠　左手順步前進　右手拗步前進

(4) 平擠　左手順步後退　左手拗步後退

(5) 合擠　右足前進　左足前進

(6) 合擠　右足後退　左足後退

(7) 側下擠　右足右擠

(8) 側下擠，左足左擠。

總計擠發勁十四點每點若以三數發之則擠拳

一趟共為四十二發矣。

第四路 按拳 攦而按發之

凡範定對方活動之一部使己勁下沉而不丟開以

連隨者謂之按勁無異一下行之掤也其發勁之時

仍在遊邊後終點之一切勁也凡用按勁係己身已

據上遊之象比較其他勁之發容易發出且用處較

廣也

(1) 圜按 順步圜按 拗步圜按 右手進步也

(2) 圈按 順步圈按 拗步圈按 右手退步也

(3) 圈按 順步圈按 拗步圈按 左手前進也

(4) 圈按 順步圈按 拗步圈按 左手後退也

(5) 圈按 左足前進 右足前進雙手也

(6) 圈按 左足後退 右足後退雙手也

(7) 起按 順步前進 拗步前進 右手也

(8) 起按 順步後退 拗步後退 左手也

(9) 起按 順步前進 拗步前進 左手也

(10) 起按 順步後退 拗步後退 右手也

(11) 起按 右足前進 左足前進 雙手也

(12)起按 右足後退 左足後退 雙手也

總計按發勁二十四點每點以三數計發之則按拳一趟共為七十二發矣

(二)四隅之看擊

第五路 採拳

凡引進對方之勁由己平分為兩個不同方向以定之者謂之採勁與前掤擠勁成一反比例此種採勁之使用在迅速如拉開對方之弓使對方內隱之勁不能不外現并有止住對方亂舞之功也

(1)右平採 前進 順步 拗步

(11)	(10)	(9)	(8)	(7)	(6)	(5)	(4)	(3)	(2)
左上採	右上採	右上採	左下採	左下採	右下採	右下採	左平採	左平採	右平採
前進	後退	前進	後退	前進	後退	前進	後退	前進	後退
順步	順步	順步	順步	順步	順步	順步	順步	順步	順步
拗步	拗步	拗步	拗步	拗步	拗步	拗步	拗步	拗步	拗步

(12)左上採 後退 順步 拗步

總計二十四發

第六路 捌拳

指掌捶依次練之即指掌捌捶捌也

凡用指掌捶之一部以突擊對方者謂之捌勁此種捌勁用時其度速而勁剛與採勁相同而相異蓋採勁是使對方勁之出而捌是使對方勁之回也其目的在有空隙即擊之而不討其他也凡未習捌勁者祇能與太極本門此手而不足正式較手也尤不能與其他拳術較手也因正式較手雙方各立一點

大開大展湊合一處非先用挒勁以週旋不可盡初接觸即用粘黏非功夫極深者不能用也

(1) 右手前挒 拗步 搬攔
(2) 右手後退 拗步 順步通背
(3) 左手前進 拗步 順步
(4) 左手後退 拗步 順步
(5) 右手右發橫行步
(6) 左手左發橫行步
(7) 雙手左行發
(8) 雙手右行發

(9) 右手下捯 前進 截順步 捯步
(10) 右手下捯 後退 順步 捯步
(11) 左手下捯 前進 順步 捯步
(12) 左手下捯 後退 順步 捯步
(13) 右手翻捯穿梭
(14) 左手翻捯
(15) 右手轉身捯撒身
(16) 左手轉身捯
(17) 右手洗捯高探馬
(18) 左手洗捯

(19) 右腿橫捌 右腿上捌 右腿前捌

(20) 左腿橫捌 左腿上捌 左腿前捌

共計三十二發

第七路 肘拳

凡用擠勁不行則易與對方發生頂抗之病故必須轉折以化之而後復進以肘擊之為便此太極拳用肘之定理此肘勁在拳術應用上為第二道防線也目的在保護近身之攻擊如象棋士相之作用也故用肘不准遠離身部而失去肘之功用為人所乘反不如不用之也

(1) 右手陰肘　左手陰肘
(2) 右手陽肘　左手陽肘
(3) 肘開花　左行　右雲飛肘
(4) 肘開花　右行　左雲飛肘
(5) 左行研磨肘　右行研磨肘
(6) 左通山肘　右通山肘

共計十二發

第八路　靠拳

凡掤之不足則應變換其部位，如下塌①則用肩靠，如轉身則背摺靠，如上部橫行則下部用膝靠，如進步

校注：
❶ "下塌"，应为"下踏"。

則用跨①靠故靠為拳術中之三道防線乃不得已以身法而應之也如象棋中將帥之目擊人也倘對方不近己身時決不採用靠法蓋此種補助因前二道防線已被突破②不及回救用此以應急也

(1) 左肩靠　右肩靠
(2) 左膝靠　右膝靠
(3) 左跨靠③　右跨靠④
(4) 左背摺靠　右背摺靠

共計八發

凡掤發勁先以攦運勁以連之攦發勁先以掤運勁

校注：
❶ "跨"，应为"胯"。
❷ 应为"突破"。
❸ "左跨靠"，应为"左胯靠"。
❹ "右跨靠"，应为"右胯靠"。

連之以後六字發勁凡向前發者均以後攦連之凡向後發者均以前掤連之以符意欲向前則寓後之意也總計不同樣之發勁為百零八點不同樣之着聲為七十六點兩項合之
總計太極拳發勁全部包括百捌十四樣之勁着平時若以三數發之或聲之則此全部單式發勁共為五百五十四發矣如果連貫練之則天然為八路勁意拳即定名為八路勁意拳亦無不可也惟發勁多數用手而着聲則以指掌搖居多太極拳着聲自有太極式之着聲法與其他拳術用着者完全不同此

練習者應知其差異之理由而加以注意雖然採用着以補助勁之不及而內中仍不失太極之精神因搌之不動不得已以掤助之按之不定不得已以挒助之擠之不定不得已以肘助之靠助之也蓋太極拳之擊非待迫至對方二三寸許之點方許手中發生彈擊之勁以曲中求直突然旋轉其尖點而擊之故在擊之中仍含有纏絲性也換言之即以六分蓄之姿勢突然旋轉變爲八分之蓄名雖擊出而各部仍有殘餘之蓄且因發出之距離不長大約在寸數內則容易變換或用勁或改着

以符太極原意乃安全之擊仍不致有頂抗之病也
另外尚有優點即擊後不致因換勁關係為人所乘
因有殘餘之擊可用摺疊以接其勁能斷能接乃意
不斷之效驗此所以稱為太極拳獨一無二之着擊
也

第十六章 太極第二趟發勁拳俗呼二套

凡一種學術能獨立一門者自必有其獨立之原理而後根據其原理另有一種特別修練法則焉然決不致殘缺不全有一無二即可號稱一門此可斷言者也如太極拳者其修練法則因運勁之不同當然另有一種法則以供學習者之需要況此拳在昔日號稱武當正宗自必有其獨立原因在武當派所以成立因太極拳數傳之後各有名稱各方名詞不一有以拳之勁別為名稱者亦有以著數多寡為名稱者總計不同名稱為七雖然其名稱與著數各不一

致但運勁精神均本太極原理以纏絲形而鍛練之此各方係一致鍛練法也蓋由一家分出支派為七派以資統一也豈有修練法則尚不完全之拳術即各有名目不便強甲就乙強乙就甲故統之為武當有獨立成派之價值乎觀近日社會間太極拳名家其所以運發均能者其發勁一項多得自他項拳術借之而來者因是社會人士幾疑太極拳術為修練體育之良法為最上法則而非完全獨立技擊式之拳術也若無他項拳術之發勁等功以補助之決不能應用於技擊也其實此乃環境所造成之結果非

關太極拳本身之罪也在昔日拳術為養生及保護
生命之具獵取富貴功名之源傳授人時隱藏數種
不為人知致攻人之發勁不流傳於世亦在意中然
太極拳最大原因开不在此因昔日京師傳習太極
拳者多王公貝子其練拳本意在體育而不在技擊
借此以活動身體則有之故對於技擊根本之發勁
本非注重學者不急於學習傳者亦無須必傳此致
太極架子亦日趨於柔以合生理衛生成為鍛練體
育之工具矣倘回觀近代太極拳發祥地之陳家溝
則又不同矣因其僻處中州一隅民情強悍環境多

係喜習他項硬功拳者故太極拳架子在河南一方經一傳再傳之後亦因環境關係而趨於剛矣兩派雖因環境不同各趨分野之地致有陳派楊派之分然太極拳非其他拳術可比自古代即為文人學士鍛練之拳術因為文人所倡道關係故得遺留多種之太極拳經以供後人學習時有所遵循因是無論如何傳法均不致離題太遠所以能至今日仍能自成一派不為他拳所同化者亦賴此古代遺留之拳經作中流砥柱也否則傳至今日幾不知變成如何形式矣或者早同化於他項拳術矣并查拳經內運

勁與發勁並稱既有一趟注重運勁之架子則發勁當然自有一趟注重發勁之架子陳氏所傳本為兩趟架子一以運勁為主一以發勁為主以代運發兩勁之用惟因發勁架子內除發勁外仍有運勁著數以連貫之否則不能聯合成為一趟也故曾習第一趟架子者進而學習二趟往往嫌其重複已曾學習運勁何必再事鍛練運勁之功多喜折開每式單練久久練習成為散手因另練發勁之單手比較容易進步也惟一待折開有利亦有害蓋散手像單式者單式種類若多常有遺落而忘習之患記住甲而忘

校注：

❶"应为"往往"。
❷"折开"，应为"拆开"。
❸"折"，应为"拆"。

乙且各人喜練之單式各有習慣決不能全數均為喜習者如能將所有之散手一一練習若超過半數已算盡其能事矣以此情形倘經再傳之後則半數又為半數一再折扣至今日發勁之單手所存已無幾矣因所存不多自然不足應用於是不得不借助他項拳術之聲發者以補助之此今日太極拳不注重專門練習發勁之原因并且所存無幾亦無法以傳人發勁之原理也且學習者往往待彈發之勁學習稍有成效即移其精神於懂勁之途矣蓋能懂勁則運化優良稍有彈性即可使人退後一二步已

覺勝利在握又何必苦研深求發勁之功乎緣發勁猶如攻擊對方之器械運勁猶如軍事之謀略軍械自有一定種類徃徃自覺能施用即可軍事而軍略則變化無窮了無止境容易引起興趣故太極拳家常日競競研究者在運勁而不在發勁矣致不知軍械不精亦足影響謀略之運用凡善戰者莫不喜其器精可不常用而不可不備如眞無有器械在手有時亦可使謀略無所用也并且太極拳家以發勁爲拳術家應有之過程有如軍事臨陣攜械而出毋庸特別囑附①因此練太極拳術者祇在運勁上注意

校注：

❶ "囑附"，应为"嘱咐"。

而不及發勁即有之亦不過數種推手式之向前發
者而已所以太極第二趟注重發勁拳亦不為人所
注意矣河南陳家溝陳福生先生為陳長興先生之
曾孫家學淵源素以保全先人遺澤為主代代相傳
不敢稍事更改故第二趟架子之精神仍然保存其
真感久不變不入於硬拳亦不入於滑拳前曾得其
口授之注重點其中身法手法均與第一趟運勁者
不同且發勁之點上下前後左右式式俱備如習太
極拳者若欲收技擊上之功效及得體育內筋骨全
功者則此趟不能不習越過此級於掤勁及走化均

有影響不可不習也亦足見古人遺留之拳經運發二者並重誠非虛語亦可見太極拳並非須求他項拳術補助方能完其功用也茲錄其名稱如下

(1) 太極初式　表示渾元一氣之意也

(2) 十字手　不必蹬足於地之金剛搗碓也

(3) 攬扎衣　伸長全身關節之意也

(4) 六封四閉　表示六成封意四成閉意并練膻之

(5) 丹變　練丹之氣突然而變也

開合勁也

以上五勢因在練習發勁之先須舒展全身各部

筋骨以作發勁之準備由徐入疾以合於生理衛生也

(6) 躍步覆捶 向後捌發之勁也 (1)次也

(7) 護心拳 轉身進步而下捌發也蓄而後掤發勁也(2) 凡有符號2者乃表示發勁二次也

(9) 脈門肱 提腿向前以按發也(1)

(10) 躍步斜形 轉換腰勁開跨¹靠發如振衣之形也(1)

(11) 風掃梅花 沉其氣使成三百六十度大轉圈內藏按發二勁也

(12) 金剛搗碓 使氣沉丹田再加以著實而全身掤

凡有符號1者乃表示發勁一

校注：

❶ "开跨"，应为"开胯"。

二三六

發也(1)

(13)對寧 開中寓合合中再寓開也

(14)回頭撇身肘 旋轉以蓄而肘發再蓄而左斜行掤發也(2)

(17)攢手 旋轉疾捲而下燕梭採發也(1)

(17)翻花舞袖 以臥虎跳澗之大翻身躍步而下捌發也(1)

(18)掩手肱拳 旋轉其跨❶提身而躍突向前捌發也(1)

(19)腰攔肘 轉身躍步由開而合合中以肘發也(1)

(20)(21)左轉肱掌二三 成一上掤8字形之運勁也

校注：

❶ "跨"，应为"胯"。

二三七

(22) 右轉肱掌〔三〕躍步轉身下掤8字形之運動也

此處天然成一段落以運勁為止點總計十二發

勁點

(23) 鳳凰展翅 開後一合而後蓄也

(24 25) 連枝玉女串梭❶ 為順步進圈法小開合中藏有二掤發也(2)

(26 27) 連枝倒騎麟 為拗步之進圈法小開合中藏有二掤發也(2)

(28) 勢分撑 開後轉身躍步突向前拗發也(1)

(29) 合身裹變 滾轉而蓄也

校注：

❶ "玉女串梭"，应为"玉女穿梭"。

(30,31) 左裹反挫 蓄後下掤再蓄而再發也(2)

(32,33) 右裹反挫 轉身蓄而掤而再蓄再掤發也(2)

(34) 左手肘勢 左手向前單掤發也(1)

(35) 右手肘勢 換步右手向前單掤發也(1)

(36) 通山捶 右下左上之分發也(1)

(37) 掩手肱拳 轉圓突向前挒也(1)

(38) 伏虎 逆轉之蓄勁也

(39) 脈門肱 蓄後以右手按發也(1)

(40,41) 右黃龍攪水一二 為活動形之攬扎衣也

(42,43) 右黃龍攪水二三 躍步而行左式之活動攬扎衣也

此處天然成一段落仍以運動為止點總計十四發

勁點

(44) 左蹬　左手左足同時而發也(1)

(45) 右蹬　右手右足同時而發也(1)

(46) 掩手肱拳　躍步而前捌也(1)

(47) 回頭研磨肘　退步下沉之纏絲止於肘發也(1)

(48) 掃堂腿　旋轉三百六十度之腿掃勁也(1)

(49) 掩手肱拳　躍步前捌發也(1)

(50) 左穿抱拳　雙手抱拳左右旋轉而掤發也(1)

(51) 右穿抱拳　雙手抱拳右左旋轉而掤發也(1)

(52)捲挫撞。右手向下捲挫而肘發也(1)

(53)倒搋。倒轉向後轉身以搋住而搜發也(1)

(54)掤連挫。一蓋一掤發換步前進再蓋再掤發也(2)

(56)右二肱。以曲中求直之勢注重由右肱而前捌也(1)

(57)左二肱。以曲中求直之勢注重由左肱而前捌也(1)

(58)變勢帶閘。躍步以進圓左轉背摺靠回身再一捌發也(2)

(59)回頭當頭砲。躍步以進圓右轉背摺靠回身再

(60) 勢分捶 雙手垂下左右分掤發也(1)

(61) 腰攔肘 捲合以向左肘發也(1)

62 順攔肘 一蓄以跟步而雙肘齊發也(1)

(63) 窩底炮 反肘跟步以掤發也(1)

(64) 進攔指路 轉身掤攦按以合太極也

此第三段落總計二十一發勁點

總計六十四着發勁四十八點

此趟架子在陳長興先生時代以前即有之至創自何代不得而知矣架内發勁之點與前章單式發勁

不同之處在錯綜變化 此項發後即變為他項發法
且為學習技擊法中易遇之發勁手法也
習此一趟凡應用技擊內之發勁已應有盡有常時
鍛練待有功效即使蓄發之距離逐漸減小而彈性
漸漸增加以開始時蓄發大約為尺數然尺係十寸
而成如果縮至寸許時則彈性功用足夠技擊上之
需用矣

第十七章 捲書放發與十二字訣

普通拳術在技擊上言之以能擊人為優太極拳以能發人為高發之難能可貴更在擊之上因擊者能擊到人身即可稱優即算盡擊之能事矣若發則不然因發得人出因其所以發得人出之理由須半須有

1. 使對方根斷而後方能生發之效。
2. 并且須發在對方重心之上方能得發之用。

故發必須有此兩種條件方能收發之功效決非碰到對方之身即可稱擊之簡單也按照拳經蓄而後發能蓄方能發因發而須蓄因蓄而生發蓄勁當如

二四四

開弓發勁當如放箭故

3蓄勁者乃用法以拉開其弓使弓生彈性也

4發勁者乃脫手放絃以射出其箭使彈勁突直其

性也

兩者相較蓄之花樣變化較難因其在各種形勢之

下應用如何蓄法并須使己身順逐而有掤勁隱斂

於蓄之中不致因蓄而將對方之勁引進入身中此

種變化甚多較此脫手放箭似乎難得多多矣譬如

吾人以對方之身仿之如箭而以己身為弓倘欲善

發能發應先注意

校注：

❶ "絃"，应为"弦"。

用何方法使對方之身箭或手箭得扣在己身弓絃①之上以待發放此為第一步要求之點即所謂粘黏連隨之法也（在第三集中論之）如雖知其法可以扣搭②自身弓弦之上惟對方之箭並非一種垂直之箭有種種不同之姿勢亦須有種種不同之弓形方可應付之也因此有雖能搭③上仍須就對方形勢以拉開自身之弓而後再放出對方之箭也此種不同拉開之法呼之為蓄惟

5 蓄之先尚有捲字

6 發之先尚有放字

校注：
① "弓绬"，应为"弓弦"。
②③ 应为"搭"。

7因有捲字方能使對方之勁被捲而落空且捲字中仍藏有掤勁乃有彈性之現象方不致引入自身也

8因有放字在先方可明白對方之根已否涛斷如遇抵抗立時可以變化不致使對方之勁發生頂病也拳經云一蓄一發適當其可者此武之根也一捲一切乎時中者此文之本也欲文武足備必須蓄發與放捲俱備也所謂

9捲者乃由大圓圈而緊轉進於小圓圈（即大纒而小纒）

10放者乃由小圓圈而鬆轉出於大圓圈（即小纒而換大纒）

11能卷對方之勁至終點使之根斷搖盪謂之蓄

(12) 能放對方之勁使之回轉而加速即謂之發矣

凡放卷合宜自身得機得勢方可談到引進落空或合而出之也平時走架子時如不將放捲藏於開合之中則失去太極勁不能稱為太極拳矣

捲 放
捲 放

如能明白此種功用則捲而蓄之或放而發之在太極拳攻擊上之價值可謂至重而至大凡練習太極拳者切不容忽視因不能捲蓄放發决不能引進落空合即出也換言之設或能將對方之臂搭①在絃②上

校注：
❶ 应为"搭"。
❷ "绖"，应为"弦"。

二四八

并且深明脱手放箭之法若不明捲蓄則弓無彈性箭不能扣住則此箭仍無放之機會矣是以研究太極拳技擊功效者而不注意捲蓄放發方法則决無達到目的之一日也如能中記此點則走架子時應

1 注意開合 有開合方可在開合中生出捲放之勁乃拉弓放箭之模形①也

2 注意姿勢中正 能中正其身勢以便可將對方之各種形勢箭能搭②在絃③上也

3 注意粘黏連隨之精神 有粘黏連隨精神方能將箭搭在絃上不致因拉開而脫落此箭也

校注：

❶"模形"，应为"模型"。
❷应为"搭"。
❸"绞"，应为"弦"。

二四九

4 注意姿勢順遂　有順遂則全身無有滯處而後開弓放箭到處俱有餘裕隨時可放也

5 注意一動無有不動　能如斯方能節節貫串使全身各項關節均有弧度不遍不鼓易生彈性也

6 注意內含堅剛　有掤性則有內剛使弓背之彈力加增固韌性方能收放之功也

蓄發均以弓箭為喻并須明白此弓乃弩弓式之弓必須顧及此弩弓之支撐點及搭箭之處而後方定其蓄發之途徑也若

7 蓄時由任何指掌捶手之一部沿住對方之一點

蓄至兩膊傳肩收入脊骨注於腰間開跨❶曲膝而下以至於足下此腳為弩弓之支撐點也此勁由上而下之連勁也其蓄之樞機則在腰際形於外可使人見者則在胸部之微凹此為合為捲為蓄之先聲也

發時勁起於足根變換在腿過跨❷以達於脊背傳肩而佈於兩膊形於手掌指捶任何之一部而接入對方此勁之由下而上也其發之樞機則在脊形於外可使人見者則在手之直其性此為開為放為發之先聲也

以上兩種連程為蓄發之經過路線因此應知走架

校注：

❶ "开跨"，应为"开胯"。
❷ "过跨"，应为"过胯"。

子時務須造成此項捲放而蓄發之功一舉一動必須有此種活動意義蘊藏其中方能得收太極之功如能注意及此則為有意義之走架子身手中內藏有物居則空空而動其功夫進步自不能同日而語并且能如斯以注意可以自行改正架子由受滯之點不得機不得勢之處因若有不順遂則無法捲亦無法放也

按照拳經歸納蓄發之種類有十二字訣以代之足以代表一切蓄發之勁可稱之為蓄發之總綱此學習者應明瞭蓄之法則并非祗限手部微蓄即算盡

蓄之能事也蓋用手蓄容易生丟予人以滑走之機
會不如身蓄之隱微見效由手蓄而進於身蓄為太
極拳進步之徵若以一動無有不動一靜無有不靜
言之如一蓄則全身關節均須蓄之關節雖然全蓄
內中有先後之別決不同一時間而蓄蓋氣之運行
有先後之分也故在何種形勢之下以何節作領導
以收斂各節不可不知用發之意亦復相同即將此
節為先動之樞機而後以領導各節歸於蓄歸於發
也茲按照拳經所載十二字訣分別說明如下

一拿字　凡沾實對方滑走亂舞之手而後捲之者

謂之拿蓄乃由勁轉著之蓄也（此以腕作領導）

2. 遏字　凡對方有空隙可入即以指掌捶擊之者謂之遏擊乃由勁轉著之擊也

3. 搓字　凡沾實對方任何部份搓磨而捲之者謂之搓蓄此係以肘作領導也

4. 倒字　凡手臂垂前沉下以臂反彈兜住對方之勁而回發如倒物形者謂之倒發此下轉而前發也

(5) 滾字　凡雙手相繫右重左捲以捲之者或左重右轉以捲之者謂之滾蓄此均以腰作領導也

6. 綰字　凡能迎而接之以聯貫對方之勁按筒而

回發之者謂之綰發此直接而脊發其用圓勁微小在寸分之間乃太極拳至上之發也

7 挪字 凡己身上部被閉迫挪轉足掌以化其勁者謂之挪薔此係以跨作領導也[1]

8 坐字 凡黏而後轉弓後膝而橫放者謂之坐發此黏住對方之勁帶後而側發也

9 牽字 凡能深沉其勁以牽動對方使之根斷而浮盛者謂之牽薔此係以後膝作領導

10 跪字 凡沾住對方之勁足尖下落弓前膝領勁前行而放之者謂之跪發此外圍而前發也

校注：

[1] "跨"，應為"胯"。

二換字 凡對方勁來自身以節不能化則以他節住之爲節節貫串之精神謂之換蓋以肩爲領導

12脫字 凡被對方緊迫不以走化而以內勁震抖之者謂之脫發此乃以氣功斂之而以氣功發之亦太極最上之發也

以上十二字乃太極拳蓄發之總綱內中六種蓄法五種發法一種擊法雖然各種有各種啓發之機惟主宰仍在腰脊之中如能將架子內各式一一以此十二字適應之加以揣摩默識融會則自得捲蓄放發之妙而功夫進步事半而功倍爲真正太極拳之

運使法也

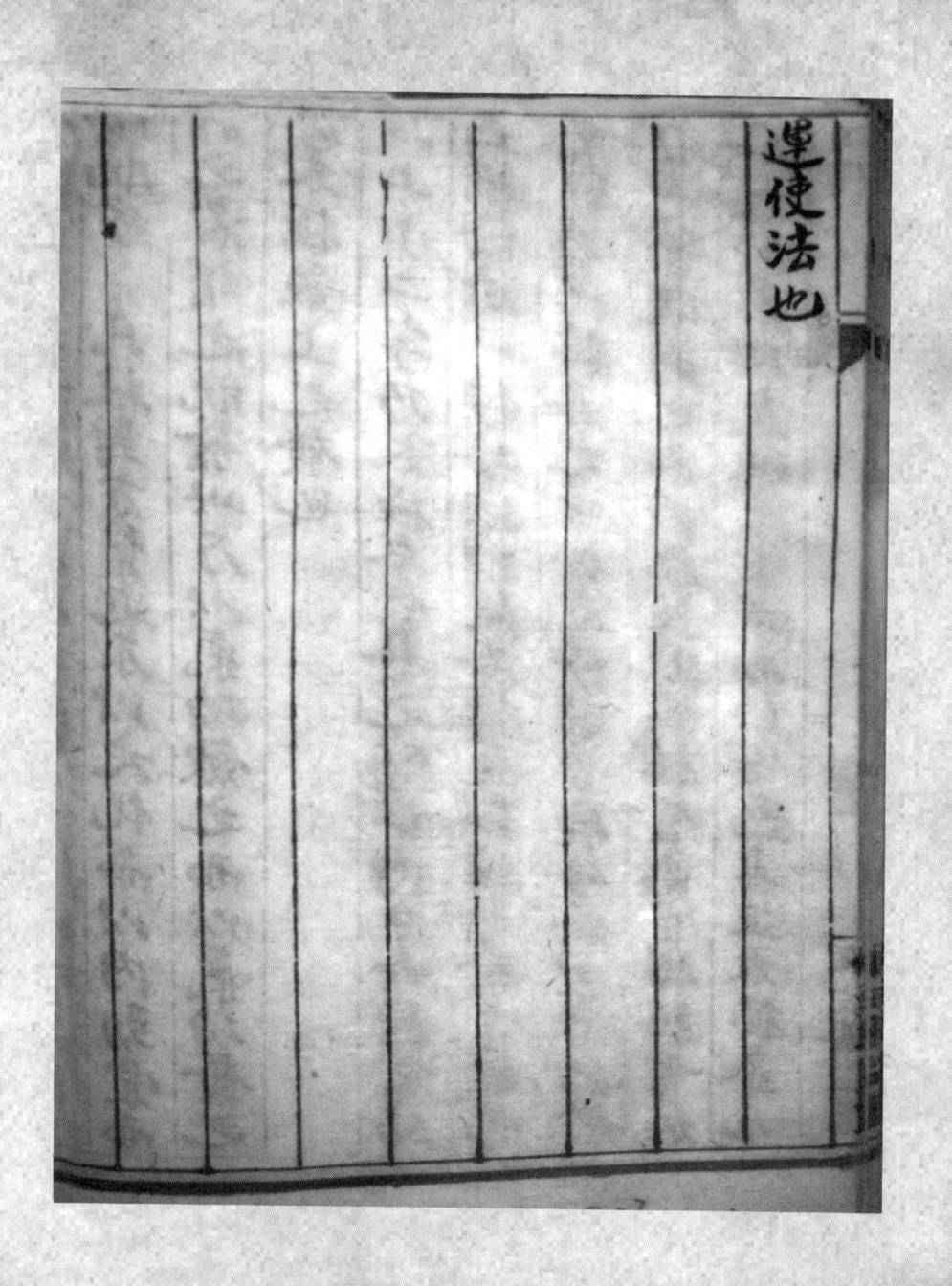

第十八章 結論

舉凡世界一切之事凡對待於人而欲使對方就範者無不用剛柔相濟攻守兼施之法蓋能柔方可化人之勁能剛方可正人之勁能攻而後能守不能攻即不能守攻出於主動而守出於被動攻係勁現於外為剛守係勁隱於內為柔忽隱忽現能攻能守而後靜如處女動如脫兔無論政治軍事均可作如是觀也譬之軍隊第一級運勁論係軍隊在操場上動作練習散開集合之道起伏轉變之法程程節制①求其進退有方靈敏圓活若第二級發勁論係軍隊持

校注：

❶ "程程节制"，应为"层层节制"。

各種鎗械實彈向各種地形練習打靶之道也苟此項軍隊訓練之精動作之敏種種俱臻上乘倘無畢器在握無壓迫敵人之力不善施用單器何能有突破敵人之能無斤堠之轟炸無主力之射擊即孫吳重生亦不能指揮此項不能損人之徒手兵以臨敵也雖然將在謀而不在勇兵在精而不在多何時應加以攻擊何處應加以防守何處用騎兵何處用步兵在何形勢用炮戰在何形勢用手溜彈戰此種謀略之規畫仍視敵情而後定此屬於知己知彼之懂勁功也若謀略雖好器械全無即善防守亦不足善

校注：

❶ "斤堠"，应为"斥堠"。
❷ "手溜弹"，应为"手榴弹"。
❸ "规画"，应为"规划"。

其後也即藏之於九地之下亦鮮有不失敗者觀中
俄中日之戰其陣地佈置之堅固兵士活潑勇敢無
比其終歸失敗者因能守不能攻也蓋不能攻守相
濟無能如何善守終歸無效此太極拳運動無論如
何精巧而不明發勁終非技擊之道既名為技擊
若不明擊破之法不悟摧堅之道即使對方為謀略
所限爲我所引進而落空走入自己最便利之地帶
而不能加以創擊終不能使之潰滅也故無論退而
攻之進而攻之其用擊破之道不可不知也
如有一人習太極拳多年其天資聰慧靈活圓轉功

夫深沉所習者第一步乃太極拳柔運慢走之架子第二步習定步四正推手以求粘黏二勁第三步習活步四正推手以求粘黏連隨四勁第四步習八門推手以求八門式之粘黏連隨四勁按照所習之四步以敏銳目光分析觀之均係太極式之體育功保証經過此四步練習其體格未有不健全者也但與技擊之擊并未發生若何關係既未練擊發而忽欲用擊發以臨人其不能得心應手自屬意中也有如未帶武裝之徒手兵驅之於戰場何能稱之對敵至決戰之後勝負與否尚在其次也

在他種拳術惟一主要點在擊而不在化在用着而不在用勁因其用擊着之關係求擊出之量重而且大半而且確并能抵抗一切外來壓迫故練皮使其蒼老練骨使其堅硬練筋使其加重鞣性練樁步使其沉重不為人所動所有希求點均向堅硬處如要塞者求之能抵抗處練之此練筋力骨為主其他附所以稱之為外功也若他種上乘拳術如少林者仍係外內兼練不過先外而後內先剛而後柔此手續之不同也在太極拳以練精氣神強健五臟六腑為主其他❶為附所以稱為內功也因人之強健主要

校注：

❶ "为附"，应为"为辅"或"为副"。

點在內且內之脆嫩較外尤甚如內有損傷較外尤重也故先內而後外先柔而後剛正防備內臟不為外部所牽制也待內壯成功再求其外此所以稱為有利無害之拳術也文武並進內外兼修及其成功固無分軒輕此與少林異曲同工異途同歸之處也惟太極之剛乃忽隱忽現之剛現後仍隱於內蓋能柔方能有知覺能知覺方能走入懂勁之途其忽然之剛為不及防禦而富有彈性之剛非矣形濡滯之剛也若隱於內則呼之為掤矣掤者有彈性內剛之弓也在第一級運動功中乃造成此種靱彈性弓

料之法也偷弓料雖具仍須弓能工絃方為有用之
弓此運勁後繼之以蓄勁也弓雖能蓄并須能放手
以射出方可盡弓之能事以發勁不可不習之理由
也發由蓄生蓄因發蓄有蓄方有發因發而先蓄此
極拳所得之剛須從蓄發之間而生也因其由蓄發
之內所生之剛乃靈活有彈性之剛也
所謂蓄者乃縮小圓形之掤有如開弓以吸行之為
內剛之柔也
所謂發者乃放大圓形之彈有如放箭以呼行之為
內柔之剛也

蓄發名稱為二但姿勢有種種不同以太極拳彈出之主宰雖由脊發然內部之運用以及扶助脊發及蓄勁之法各自不同因是發之方法當然自異遭遇何種形勢應以何種方法應而發之雖無若何規定然總須在順便剌導中行之不可舍近以求遠也明矣若習學太極拳者未曾練習各種內部蓄發方法自不能隨時臨機應變勢必將各項對待於人之異樣形勢變換引導歸納於自己隨時練習能發之勢而後方可發之有如人不能以履就足則不得不削足以就履高按照拳經規定在各種單式複式發勁

法均已練過後即有向各方發出之經驗而後由博歸約須牢記薑發十二字訣如第十七章以別薑發之種類預備應用務使各字有相當之經驗然後以從人為主以視對方勁之線路方向臨時而定之所謂先以心使身是從人不是從己由己仍是從人由己則滯從人則活倘能從人則手上便有分寸秤彼勁之大小權彼來之長短前後進退處處恰合工彌久而技彌深矣世間一切事物無剛不破鋼鐵雖堅尚有鋸鋼之器無柔不破棉絲雖柔尚有彈棉之械世界上所不能破者即在含有剛柔兩性之物能剛

能柔忽剛忽柔遇虛則柔臨實則剛此為世界不易破之物也練太極拳者不向剛處續練有如練少林拳者不向柔處續練同一失也倘柔能柔至極點忽然剛能剛至極點此上乘技擊也少林覺遠上人云剛柔變化之深淺為拳術上中下三乘所由判焉

第三集 懂勁乃技擊極峯說

第十九章 研究懂勁之時期

懂勁者知己之勁并知人之勁也孫子云知己知彼百戰不殆不知彼而知己一勝一負不知彼不知己每戰必殆此雖用於軍事之詞而於技擊莫不如是不過與軍事不同者大小之別眾寡之分耳如欲知己之勁必須勤練架子一舉一動細心揣摩勁之起自何處歸至何處將練成節節貫串之架子當自運用使為習慣然後一舉一動按步就班出手邁步即為架子內之形式有如造成優勢之陣地以待戰事

之運用也。如欲知彼之勁，則非與彼周旋不可。由周旋日久，漸形著熟，由著熟而漸悟懂勁，再階及神明，然非用力之久，閱人之多，不能豁然貫通焉。惟欲知彼，必先知己。因凡百事體莫不從己身修練始也。因知彼之勁非以己之身手探之不可得也。其用於探人之身手尚不自知，安能知人。況人決非願為人知者。非己身有沉著鬆靜之功夫，善於變化之能力，臨之以捭闔縱橫施以叩問之道，亦不可得也。因對方非被優勢之襲侵，不易俱其內勁外現也。若外現者乃動也。己身沉著鬆靜以心聽之者乃靜也。然後方

可以靜觀動則所得曰能審因動觀勢則所見曰能
明總之求懂勁之道應先從知己始也如第一級運
勁功以技術上言之乃係求知覺運動第二級發勁
功乃係修練己身之戰鬥功用兩項皆屬於知己功
夫有如軍事一門在陸軍小學之校決非研究高深
戰略之時也故諸事求進應有程序有時練習太極
拳者常有練習架子完畢後即從事練習推手以求
懂勁者致對於架子內各勢各式尚未分得清楚并
架子內掤攦二勁尚未練出與人推手自必有用硬
氣相壓之處如用硬氣則不易走化倘欲顧全能走

化則又須放棄掤攦之意義只好互相畫圓圈為能事矣以為斯舉動而欲求練習懂勁則成為無意義之滑走及涉動有其形無其實有失研究懂勁之精神美其受病之處在練習失之過早也昔陳長興先生曰不習搞手不足以懂人勁蓋不經與人搞手決不能得按擊之經驗無按擊經驗而欲擊人是知己不知彼一勝一負也所謂搞手者以二人來往互用碾磨循環不已其中變化存乎其人惟學者應先學奉務須節節用心式式揣摩迨功夫既久上下相隨然後方可學習搞手不然人以硬氣欺壓我以硬氣

頂抗肐膊，一用硬氣則不易走動反因斯而生多少濡滯之病矣故功夫必須練到八九分時再習擖手自然無此種受病之虞矣功記云可為此道之定評也是以欲求懂人勁必先懂己勁若己勁尚未練出則求懂二字似平談不到也所以研求懂勁應有時間限制不然不但無益反為受病功效未得病象叢生成為滑拳油腿矣茲假定四種限制以代研求懂勁之時期述之如下

（一）須開合有節　開者為擠合者為縷[1]擠者為護身之勁也縷者化敵之勁也查架子完全以此二勁為

校注：

❶ "缕"，应为"攦"。

主有如先圖準備預立於不敗之地乃防守最善之戰略也其餘如擠者有如助手之掤也挒者掤也採者助手之掤也挒者掤後之縷也肘者掤後之二道防線以發也靠者掤後之三道防線以發也故祇須注意開中有無掤勁合中有無縷勁并視開合之間有無摺疊倚撿查一此三者俱備則自必開合有節身手方有知覺乃可研求懂勁也

(二)須虛實分清　走架子時一舉一動能分清虛實且能轉虛為實轉實為虛在轉換之時所有姿勢

仍保持活動地位無雙重之病勁即斷而意不斷然後方可分清虛實蓋個人動作之重心易尋一待推手對方之勁加入則重心易起遽變化若己身動作中尚無分清虛實之習慣則一旦搭手與人相接必至顧此失彼難得進益故宜先分清虛實於己然後再習推手以求懂勁則無此病而易進步矣

(三) 須剛柔俱備　柔者包含掤意之化勁也剛者包含外彈之發勁也因獨手乃學習在何種狀態之下應用柔何種姿勢之下應用剛有如戰略之運

用相同在此時期如己身高無能柔能剛之功夫雖臨之以可化可發之勢因己身缺此能力自不能柔化剛發既不能得剛柔相濟之功在此時研求懂勁當然不易矣故在研求之先應使運勁發勁之經懸俱備以待採用然後再習推手則無此病矣。

(四)須上下相隨。乃足隨手或手隨足之謂也在主動則手隨足在被動則足隨手在十三勢架子中此二者俱備無論誰先誰後應注意其能相隨蓋能相隨則重心安定活似車輪而後方有剛柔之可能虛實之可分開合之可言也偏重一方則足根自斷且不易運用以上三法矣故練架子時須己具有此項習慣一舉一動莫不如斯然後推手時乃可學習動急則急應動緩則緩隨之道祇須在前後左右變化上注意及急緩而不復計及己身是否上下相隨因己身已練成上相隨之習慣矣不然一面既顧對手方之如何又須顧全己身上下能否相隨則精神散漫不能專注一方研求懂勁之功自少進步此偏能在以上四者之內已有相當功夫而後再習推手以求

懂勁則事半而功倍最爲正當之軌道否則欲速不達即痛下推手功夫亦易染成滑手之病無非畫圓圈而已矣何推手云乎哉

第二十一章 常時畫圈揉手之利弊

太極拳之所以有推手因其平時走架子時已將各種勁別藏於運走之間久久鍛練此八門之勁繼長增高應掤時則有掤勁藏於內應攌時則有攌勁藏其中合時由卷而蓄開時由放而發其不同之開合卷放式俱備其相異之看著均全至兩式夾縫之間摺疊轉換俱到此乃知己功夫已有根底惟恐與人較手時己之勁與對方之勁發生頂匾丟抗四病則不能有纏絲勁已含其中以化之若無之則何能引進落空牽動對方有失太極拳之精神矣故常

習推手試驗有無此病并使此病漸漸減少以致不生而後沾黏連隨自得矣惟吾人應當深刻注意者乃是己身已具有此八門之勁而習推手一舉一動將己身已有之八門勁以求實驗能蓄能發并非使用此項推手以產生此八門之勁也如果此項八門之勁尚未產生即習推手可謂先後倒置毫無意義之可言蓋不能分別其勁專畫畫揉揉手之推手常習之反易養成不良之習慣失去技擊之功效反不如不推之為愈也然則畫圓揉手果無用乎前輩學習推手試驗有無此病并使此病漸漸減少以致不之甚勤又何故也如曾經學習過其他硬拳之人若

有根底則平時喜以抵抗為能并以擊硬人之抵抗為上則與太極拳之四病頂偏丟抗可謂完全有之彼以為功此以為病雙方原則完全不相同即或善自更改不令發生惟於無意之中則仍有實現之可能故曾經學習硬拳有成效者前輩太極拳名家多不肯收為門下惟恐硬勁不易化去淨盡致有勞而無功之嘆昔日楊露蟬先生以二郎拳著名於時且經過刻苦之修練功夫甚有根底後不幸為太極拳所挫厭後立志研究太極拳拜陳長興先生門下為徒長興先生因其硬功甚有根底恐勞而無功不願

收勢默其立志甚堅又不便拒絕故以畫圓揉手授之每日與二同伴李姓者推手恆數小時以上以化其原有剛勁直勁使之成柔成圓此乃一種救濟硬拳家學習太極拳之妙法也如果其人未曾學習硬拳并無何等剛功儘可再練架子待有成效再習推手又何必無病呻吟①如化硬勁之畫圓揉手平偏久練之後因無根本直勁之關係久久成為習慣有圖無方有運無發必須預先準備一圓之後方可發出且因常練揉手關係遇有較手之時無論對方以何種手來均想用畫圓揉手之刻板四手迎之一舉一

校注：

❶应为"呻吟"。

二八一

動即思攬按致門外人對於太極拳練習者有摸魚之譏而將架子中之上中下之裏外蓋發全不注意矣并因欲求與對方揉動不惜預先以勢迫就對方使之能走久久則成為油滑之手矣故自身并無硬直功夫又何須專事畫圓揉手以化其勁也拳經云功夫練至七八層時方可練習推手云山推手乃真推手決非畫圓性質因自身功夫增進在拳不在畫圓在走架子上極端注意於知己之後再求知彼之經驗如己身高不能知即欲知人安能知手故欲知人亦須分步而知之也山推手亦須有由淺

入深之練習也故常習畫圓揉手愿久不變則易生依樣畫葫蘆之弊不能得巻放蓄發之功包含其中有失由推手研求技擊之意義矣雖然此項畫圓揉手與技擊極端無利且易生弊惟就鍛練體育言之則極有益蓋一人走架子徃徃[1]精神不易貫注則收效少而進步遲觀於有教師在傍監視之走架子與個人自修者徃徃各異其趣倘以二人互相揉磨則有不得不注意之功用所好為體育只求能活動筋骨柔軟身軀姿勢如何蓄發如何均非所求一來一徃互相監督容易感覺興趣而有恒心是以此項畫

校注：

[1] 应为"往往"。

二八三

圈揉手如果為技擊計均宜分清勁別惟卷舊放發是求除曾經學習硬奉者外不可久習揉手式推手以免不得其益且易成習而受其害現時太極拳於國考之時未能有若何成績者於畫圈揉手亦居原因之一所謂差之毫釐失之千里學推手者應當注意及之因畫圈揉手乃有利於體育而有害於技擊也。

第二十章 沾粘连随与顶匾丢抗

夫人降生之初，目能视，耳能听，鼻能闻，口能食颜色声音香臭五味，能辨皆是天然之知觉，为人生固有之良，此呼吸之为文功也。其手舞足蹈于四肢之能，皆是天然运动之良，此呼吸之为武功也，企思及此是人孰无乃人人均有之天然能力，毫无足异者也。不过人生在世为环境所限，常有变迁，性相近而习相远，往往失迷固有之能，趋入岐途[①]不可救药，若欲还我固有非乃武无以寻运动之根，尤非乃文无以得知觉之本原，是乃因运动而得知觉也。明矣夫由

校注：
① "岐途"，应为"歧途"。

運而知動而覺不運不知不動不覺運極則為動覺極則為知動知者易因其乃有形之動可以目見之也運覺者難因其屬於身內之勁不易見也如求進於知必須由易而入難先求自己之勁知次求自己之運覺均之於身再求動知運覺於人此亦練習之天然程序故人須求能知己之後再求方法以能知人因運覺在人身內無方法不足以探討而知之也既欲知人則須與人常相周旋方可由不知而進於知決不能離開人羣而得知人此理甚明是以欲知人之內勁必須常與人之勁相周旋開合剛柔來往

虛實而後方可懂其勁之如何也其探知之法應有四字以範圍之四字缺一則不可得矣茲說明如下

(一) 沾字　沾者如己手含有膠糊足以沾住對方之勁以掤勁貼之有如樹之生根於對方所觸之點有分離不開之勢此之謂沾譬如手中掤勁未曾練出則不易沾人而容易頂人因沾與頂之不同在用勁之時內部活不活之分也如勁帶頂則為滯勁若對方稍閃則勁有前傾之虞所以呼之為頂病。

頂者過於出頭以己勁為主體非求知人勁有矣

舍己從人之精神因對人勁加以壓迫則不易感
覺我之如何矣而易為人知矣所以真正沾者遇
柔手以柔沾之遇剛手以剛沾之無過不及以掤
勁緊貼所觸之點與對方之勁合而為一不離開
不出頭也

(二)黏字。黏者亦係有膠糊之意其勁為縷有如毛
刷刷絨在所觸之點流連繾綣往復旋轉以生磨
擦性也黏與沾字不同之點沾如生根而不移黏
在生根後須移動地點也如圓珠滾盤以轉而不
使離開盤之謂也若移動時稍一離開則為拔根

而動矣摩擦力無矣無摩擦力則不能知對方之動靜矣謂之匾病。

匾者根拔於外不及貼住之意其原因在摩擦時祇顧摩擦之力量而忽略用黏時其掤勁仍須存在也如此時祇有擦之勁而無掤勁則所擦之手必匾如匾則為滑走而已有失黏之精神矣。

(三)連字。連者因對方姿勢變換或移動應左右前後動步以合之而手仍不離開之謂也雖以舍己從人之精神而邁步而決不因邁步關係而離開對方所觸之一點也連之主要功用在腿順人之勁於退步時而不因退步致失連勁也連字為補助沾字乃手助步步亦助手互相協助而不離開使個人手足有互相感應之勢若離之則為丟病有丟病則失去懂知對方之勁有失上下相隨之義矣

(四)隨字。隨者因對方有退走之意而以此應之也此字用於進步時多次不因對方走而不進亦不因走而隨之太過走急則急應走緩則緩隨不先不後恰當其時也如應之太過則為抗病抗者則相硋撞❶矣以力之大小為勝負標準有失

校注：
❶应为"碰撞"。

順其自然借勁於人之主義矣若憑力之大小以勝此在主觀而非懂勁之道所以隨字為補助沾字之功夫因對方退換而為進一步之沾隨恰當其時而手中仍然沾住對方而不抗也總之沾粘連隨四字為懂勁之敲門磚因其懂勁當然以舍己從人之精神以順應人而後方可知人之動作因順應之關係稍有不慎自不能不頂匾丟抗之四病如不生此四病亦不能進於懂勁因此四病乃求懂勁應有之過程也沾粘二字以足為主而以手附之❷其實四字之真意可歸納一粘字以包括

校注：

❶❷ "附之"，应为 "副之" 或 "辅之"。

之所以分為四字乃地位之不同非勁之有四也即一切舉動均有粘勁藏於其中貼住對方一點均由此點為半徑中心旋轉纏絲而不離開無異根生於此點也不過在此旋轉纏絲之時而個人之身手仍保持有利之姿勢能發能化重心安定左右逢源而後方可稱之為真正有粘勁也此種有利之姿勢顧不易保持因顧全手之沾黏而易忘己身是否得勢也此仍在練習架子功夫不到也若到之則一舉一動均是架子內有利之勢何致再顧此失彼哉

第二十二章 化勁與空結挫揉

太極拳之化勁即纏絲勁之應用法也乃因雙方相持不下欲思以柔化之功破除他人堅剛使人之堅剛化為烏有之謂也蓋剛與剛遇剛大者勝惟此種以剛碰剛之頂抗方法非太極拳所抱之法也太極拳之主要精義乃以柔勁迎人之堅剛使堅剛無所用而後方足明顯柔之妙用此太極二字之本旨也按照太極拳內之專名詞此項以柔迎人之剛使剛為柔所化者呼為化勁化勁之程序始以手化繼以身化為太極拳天經地義之階級其身化之樞機名

雖在身而功能仍由手以表現之因兩人較量所用
沾黏連隨之功夫雙方均係以手為接觸點則身
自然以手之動作靈敏與否為左右矣若細研身化
所以異於手化者不在動之本身有差別乃在暗勁
與明勁之分尺與寸之別耳蓋明勁之表現點動作
廣大而開展足使掤攦擠按四勁表示於外蓋此四
勁走動時勁易顯明可予傍觀者以分別勁之機會
如勁既可為傍觀者①所知則對方因感覺關係當然
更能知其動向矣何況變換勁別時又有纏絲之空
間對方當然亦有餘裕時間可以變換勁別應之矣

校注：

❶ "傍观者"，应为"旁观者"。

故兩者較量勝負均在能應與否及運動遲速之間以為斷矣學習太極拳推手以懂勁者在第一期內運用掤擟擠按須去頂匾丟抗四病以求沾黏連隨四功如此病已去四功已得則注意姿勢勁別變化時不許有俯仰斷接四病之發生而後方可真得對待之功也惟對待時設或遭遇對手方乃柔而不掤者

剛而不動者

則不易得收捲放之效若攻者不顧對方情勢如何冒昧直入則有失懂勁之定理矣如果忽略用之則

得失泰半有冒險非太極拳所宜出也又常有攻者遇對方像剛而不動者自不易懂對方勁之動向當然無法牽動對方使之根斷如仍冒昧發出之勁必生頂病發亦不能生效矣故練習太極拳者在頂匾丟抗四病既去之而姿勢勁別又無俯仰斷接之病時則應研究暗勁之空結挫揉四功以繼其後使柔而不掤者而不得不掤剛而不動者而不得不動按照拳經有云

（知覺功虧則補）乃對方掤勁不夠虛而不明不足感覺對方勁之所在故須以己之氣增加於掤勁之內

以逼之使對方不得不表示其勁此種動作乃補於人之法也又若自己掤勁不夠則不能與對方發生沾黏功效必須貫之以氣使有膨漲[1]之意此種動作乃補於己之法也故補必須以氣補而不可以力補若用力補係屬頂勁此種補之名詞無論用於己或於人均為結字又名結氣法

(運動功過則瀸乃因對方力量過大互相掤住不動則無法走動或引進失故須纏旋轉之於另一方面而不閃開或匾去逗引對方之勁失其依據而落空此種動作乃瀸於人之法也設或己之掤勁過大辟

校注：

❶ "膨涨"，应为"膨胀"。

免出圈成落空之病又須調整減少其掤此種動作乃瀉於己之法也此種瀉之名詞無論用於己或於人均為空字又名空力法總之推手時雙方均以補瀉相換能者為勝用於己者知覺功虧則補之運動功過則瀉之用於人者力過則瀉之氣過則補之互相變換則勁之懂與不懂均在變化時之感覺如何而後定矣

（瀉之不足則挫瀉乃人來我走之謂而挫乃使己之勁微向下沉而後落即裹纏之勁若挫極則為捲矣。

其功用是在瀉之內加以引進之勁牽動對方足根

以浮起也

（補之不足則揉）補乃彌補勁弱之謂而揉乃使己之勁微向外行而上起即外反之勁若揉極則為放矣

其功用在補之內加以外逼之意使對方足尖以浮起也

總之挫揉二字為化勁中變化之名詞使人根斷之法居於捲放之先可以互相連貫為用由開展而緊湊由尺寸而分毫是在運用者經驗如何以定變化之空間若空結二字祗許用於起首或中間而不可殿後若殿後則失去化勁之要求與化到即發之意

義矣試將

挫空二字連用則挫後而空之乃將己之勁挫而起

向圜外而成隅矣

挫結二字連用則己之勁由挫後而結乃使己之氣

僵住而斷矣

揉空二字連用則己之勁由揉而空成為兩面之掤

而力分矣

揉結二字連用則以結之氣續於揉勁之後氣易出

圜以成隅矣

以上四則可以證明空結二字不可用以殿後若用

之均成病手矣按照拳經有用三字連成者

1 如揉空挫或挫空揉則勁鑿於氣乃以勁破人之氣也

2 如揉結挫或挫結揉則氣勝於勁乃以己氣閉人之勁也

3 如結挫揉則勁盛於氣勁在氣之上也

4 如空挫揉則氣盛於勁氣過力不及也

5 如結揉挫則氣勁反覆成摺疊乃引進之路也

6 如空揉挫則氣勁敗壞以去遠乃落空之法也

以上六則乃採用挫字或揉字以殿後之法因此二

字殿後關係可以明瞭係求對方之根斷或足尖浮
起之功用故有此二字殿後之規定也若細研空結
二字內含有柔剛之意近於捭闔之作用為應付剛
暴及輕虛者之不二法門蓋有此弛張之空結則對
方之勁無法堅壘不動或隱藏於內不令人知之煩
矣若能知之則以挫揉二字繼之蓋一捭一闔施之
於人則人有不能不動之勢既有動勢則對方勁之
線路自能明顯而感覺矣挫揉二字內中含有裹纏
外反之精神近於縱橫之作用為引進落空之法門
由尺寸之空間而至分毫之精神動作縮小則圓圈

愈微乃求懂勁之細膩功夫亦為推手最高之研究
點吾人嘗閱書中記載高深武術家遇人較手時未
見其有若何動作而對方已仆出丈外矣傍觀者莫
不異之致不知此種細緻功夫遇來勢甚猛之輩易
於瀉補施之若寓挫揉於寸分之間無怪傍觀者不
易覺察其動作也惟練習此功者應注意結而不許
頂空而不許丟挫而不許遍揉而不許抗升須注意
應用此四字之機勢拳經云無地之挫揉平虛之空
結亦何由而致於用哉蓋用挫揉須用於希求對方
报斷之上不然無用武之地又何必多此挫揉之法

校注：
❶❷"傍观者"，应为"旁观者"。

哉若用空結必須用於纏絲勁之內不然乃平虛之勁易成丟頂之病何能收空結之用哉

第二十三章 懂勁與斷接俯仰

在第二十章內所論欲求懂勁須有沾黏連隨之功，並須去頂匾丟抗之四病，若不能去此四病則懂勁不可得也。因此四病乃離開及硬撞對方之身手目，不能得摩擦之知覺，既不觸覺又持主觀以之臨人，仍不能求懂對方之勁也。查沾黏連隨之精神，本是舍己從人為天經地義然從人自有一定程度以範之，不然盲從到底將陷己於深坑之中不可救拔矣。換言之，即從人之後己身尚須得機得勢以臨之，即己身已與對方以沾黏連隨相周旋而仍須保存己身之優越姿勢能隨時以攻擊人也能得此則可得沾黏連隨之用為真正懂勁之功矣又如勁有主觀之意由己則滯從人則活能從人則手上便有分寸以秤彼勁之大小以權彼來之長短此乃以粘而知之他人被粘決不能不思擺脫走化欲擺脫走化則生變化如變化則己之勁容易為彼所斷矣斷而能接乃是功夫所謂接者乃係收他人變換之勁而仍粘之也如接非其地接非其時則為病矣故須研究去此四病方可得真正沾黏連隨之功如病能去則自然得機得勢矣茲分四字說明如下

(一）斷字。凡勁隱微於內時乃滔滔不絕之勁無有斷時者也若勁見顯於外為欲發而未發之時必須有令勁斷之預備如勁不斷則勁決無外發之時惟勁雖令斷而外顯但意并未斷意乃待機進一步而外顯也倘意欲令改換方向或意已止於矣此乃意亦斷矣意雖斷而神仍可接續而不斷也若勁意神三項俱斷則真斷矣是為斷病斷病一生則手足無著落不能得機得勢而成束形矣乃予對方以返攻之機會有如無防備之陣地也因神與意有互相之關係神能不斷則身手內隱微之掤勁仍在也掤勁在仍可補救於意也此乃神之補救意之功也是以欲免勁意神三者俱斷之病必須心意常存滔滔不絕之勢而以氣之鼓盪代表之也氣如鼓盪則身于不致散漫便有含蓄即勁雖斷而意仍不易斷自能得機得勢不為人所乘矣此病之生因其舍己從人有不丟不頂之精神以隨達於人極易迎合於人而使神氣俱斷也若個人走架運動則决無此病可生也

(二) 接字。以一己之勁斷而能鼓盪其氣以接續之有接己勁之經驗而後方可以己勁而接他人之

勁使之投箏如一在沾黏連隨中如對方掉換勁
別變其姿勢則須因其變換而以變換繼續沾黏
以粘之此所謂接勁也接勁須在對方之勁將出
未發之際我勁已接入彼勁恰當其時不先不後
如梗爐火如泉湧出仍然沾住對方此乃彼不動
己不動彼微動己先動似鬆非鬆將展未展之精
神也勁如接遲則為頂矣勁如接早而己勁被他
人接矣為他人所懂矣且接之地點是否恰當其
位如非在其位因非全盤接收即接而發之亦不
能剛脆而為憨個之發出也是之謂接病如有接

病則沾黏連隨之功無矣故此病亦係為懂勁而生所錯悞在時間與地點之接差因此不能接骨逗筍耳總之斷接二字關乎神氣若神能內歛則聚氣能鼓盪則活以聚活之神氣臨之自能一氣鼓鑄練氣歸神氣勢騰挪精神貫注而後開合有數虛實清楚不愁己身之勁斷後不能接因對方勁之變換而接骨非其時逗筍非其地也

（三）俯字　俯病乃隨功不善之病也亦關乎手足未能上下相隨之過也因彼走此應之時因求不丟不抗徒徒盡量連隨於不知不覺中而生俯病若

有俯病則失去有利之姿勢重心移至前足之外不能得機得勢以應人矣且因舍己從人關係有時容易發生俯病有俯病則勁已越過應止之時而勁斷矣如斷之能接則可用步以濟俯病之窮也所以立身須中正不但左右如山前後亦然其勁以曲蓄而有餘者即隨人到七八分時即止而接之所以若再進則勁必須曲蓄者正預為能接之地步也倘能虛靈頂勁以猴頭為主宰以掌指❶為賓輔亦係改正減少俯之病也其最要者若勁意神俱斷則手足無著天然俯仰此無可救濟者

校注：
❶应为"主宰"。

矣故對待之手以俯仰為重應時刻在心不可使身手足斷之無接也

(四)仰字。仰病乃用連勁之不及所生之病也因顧全舍己無離之功用匆匆被人壓迫易生後仰之病若不求連之功亦不能生此病也有仰則足尖起重心在後足外矣失去有刻姿勢矣如能含胸拔背懸頂領項則勁斷而意不斷而神可接則上下有相隨之機不虞不能接人勁佐以指掌下垂腿膝曲蓄則後足活動亦可補救此仰病之失也以上四病乃因沾黏連隨不許頂匾丟抗而生之病也拳經云夫未能懂勁之先常出頂匾丟抗之病既懂勁之後又恐出斷接俯仰之病然未懂勁前容易出病既懂勁時何以又出病因勁在似懂未懂之際正在用沾黏連隨進於真懂之時容易斷接無准故出病神明及猶不及亦容易俯仰無着故亦出病如求懂勁若不出斷接俯仰之病則決非真懂勁者因此四病乃應有之過程弗能不出也蓋目視心聽無由未得其確若知

一瞻眄顧盼之視覺

己身手之運用也

2 起落緩急之聽知　己氣人手之運用也

3 閃還撩了之運覺　己心人手之運用也

4 轉換進退之動知　己身人步之運用也

則為真懂勁自能階及神明及神明則攸往有由矣

有由者由於懂勁自得屈伸動靜之妙開合升降又

有由矣若由屈伸動靜見入則開遇出則合看來則

降就去則升夫而後纔為真懂方可及於神明也明

矣并錄陳品三先生論免斷接俯仰病之拳譜以証

明之。

中氣貫足　精神百倍　臨時交戰　切勿先進

如不得已　淺當帶引　靜以待動　堅持壁壘

堂堂之陣　正正之旂　有備無患　常守其真

一引一進　奇正相生　佯輸詐敗　反敗為攻

一引而進　轉進如風（方引而忽轉之也）

進至七分　即速停頓　兵行詭計　前防後侵

前後左右　俱要留心　進退莫遲　不直不遂

足隨手運　圓轉如神　忽上忽下　之謂也手足或上或下

或順或逆　順纏法逆纏法也　目光善照　不落邊際

我之進取　須令不防　人若能防　必非妙方

大將臨敵　無處不慎　四面旋繞　一齊前進

斬將搴旗 絕妙入神。太極至理 一言難盡
陰陽變化 存乎真人 稍涉虛偽 妙理難尋

第二十四章　專論懂勁之途程

懂勁者太極拳最高之希求也懂勁之範圍乃懂己之勁并懂人之勁也不但能懂人之勁并且己勁不為人懂尤須使人不得不暴露其勁以為己懂而後知己知彼百戰不殆謂為真懂然懂勁之功决非一時所能達到其中須經過若干之程序多年之經驗揣摩默識而後方可得達其境太極拳經內中有太極拳論一篇完全為指示懂勁之南針夫習學此拳者欲求懂勁之先應將此篇熟讀於心而後方能有所遵循不致轉入歧途發生愈求愈遠之苦茲先將

該篇加以詮解以資深刻於心得一準軌縷列如下

(I) 第一項 懂勁之由來

太極者無極而生動靜之機陰陽之母也動之則分靜之則合

此指太極拳之根本係從無極而乃無為而有為也內中包含動靜二者之變化以太極執其樞機也若動中有靜乃能心平氣和以辨別對方之勁靜中有動乃能轉換精神氣功以變化對方之勁而太極又為陰陽之母一陽一陰兩者缺一不足稱為太極所謂陰陽者內中包括虛實柔

剛輕沉弛張等功用兩者務須相對以變化萬方若缺其一無論餘一如何精妙均不能用之對待於人此太極生兩儀之說也

第二項

無過不及隨曲就伸

此指與人對待時即有陰陽功用又須個人運用之姿勢不越其範所出之于不能過範亦不可不及施之於人恰當其機恰臨其時也且所出之姿勢務須舍己從人以人之動靜進退是從能隨之而曲亦能就之而伸并在伸曲中不出其範而後

方得其用也

第三項

人剛我柔謂之走

此指人以剛來我以柔應柔與剛遇不與頂勢不生丟象則柔之勁自然生走之功矣此走中含有引進之意而無引進之勁

第四項

我順人背謂之粘

此指我以順遂之姿勢臨人并逼人以不順遂而不得勢也走字近於守爲柔而粘字近於攻爲剛

俗呼走為瀉勁粘為補勁因個人有粘走之功而後方可調節對方之勁不生丟頂沾粘如一也如是乃能動靜相應得以感覺對方勁之如何也

第五項

動急則急應動緩則緩隨

此指以上雖能用走以引人用粘以逼人仍須就對方動作之快慢而追隨之動急能急應動緩能緩隨而後其功可得如不能急緩相生則不能粘

第六項

走相應當能感覺對方勁之動靜變化手

雖變化萬端而理為一貫

此指若本粘走之理與之粘黏如一急應緩隨曲伸相應則對方無論如何變化均不能越出此理也

第七項

由著熟而漸悟懂勁

此指本以上各法與人對待時富有經驗運用純熟則自然可以明白懂勁之道矣

第八項

由懂勁而階及神明

此指如能明白懂勁由來知而能行是為真懂

行之既久自能臻於神明之境矣

第九項

然非用力之久不能豁然貫通焉

此指如未與人有週旋之經驗不能豁然覺悟懂

勁之理以貫通其用也

(Ⅱ) 第十項、求懂勁之工具。

虛領頂勁

此指求懂勁之法已如上述在個人方面須有求

懂勁之姿勢及精神不可此求懂人勁必須輕靈

所以頂勁要虛懸於上乃頂有掤勁之謂則精神提得起自無遲重之虞而後可獲輕靈之妙虛實變換亦自然靈活矣

第十一項

氣沉丹田

此指氣徃①下行則根株沉著氣斂於內運動時不致有浮飄之病矣

第十二項

不偏不倚

此指一切對待於人時己身須中正不偏而後可

校注：
① 应为"往"。

以支撐八面能不倚則可不賴對方之身手作支柱以予人牽引之機會也

第十三項

忽隱忽現

此指對待於人時己之勁能隱則為柔能現則為剛如能剛柔相變靈敏迅速令人不測乃係不為人懂之法而極易懂人之法也

第十四項

左重則右虛右重則左杳

此指個人能兩膊常相繫住鬆靜專主一方則動

能隨心意以倒換於兩膊之一點用以對待於人則左膊覺重而右膊自虛矣乃表示勁在兩膊間轉移靈活也

第十五項

仰之則彌高俯之則彌深進之則愈長退之則愈促

一羽不能加蠅蟲不能落

此指在對待時對方若仰來則高以引之俯來則深以導之對方若進則長以逗之若退則促以逼之此四者乃沾黏連隨之功夫其知覺靈敏有如一羽不能加其身手之圓轉盤滾即蠅蟲亦不能

落在其上也。

第十六項

人不知我我獨知人英雄所向無敵蓋由此而及也

此指用第一項至第五項之理論則我知人用第

十項至第十五項則人不易知我此既不為人知

而知人知己知彼所以百戰百勝也

(Ⅲ) 第十七項 懂勁後之妙用

斯技傍①門甚多雖勢有區別概不外乎壯欺弱快欺

慢有力打無力手慢讓手快皆是先天自然之能非

關乎學力而所為

校注：

❶ "傍"，应为"旁"。

此指拳術一門種類甚多各有妙用然其立論之妙用點概不外手壯以打弱快以打慢力大打力小而已然此種皆是天然結果不足稱為學術也。

第十八項

察四兩撥千斤之句顯非力勝視耄能禦眾之形快何能為

此指太極拳所以異於各家之處係以輕制重以無力打有力方見學問人之所以攻研學術者即思更修練之功夫超過天然之趨勢不然胡為乎

第十九項

立如平準

學哉[1]秤錘雖小可壓千斤之重量此用槓桿居中制外可代外周之挺動此用摩擦 anchieven 學理以慢逸勝速勞之法也學理以弱力勝奇力之道也

此指以輕制重之學所由來與人對待時自身視之如磅秤頭頂作為天秤之準頭兩手作為左右之兩盤腰作為磅秤之限株下通至尾閭有如磅秤之立柱所以必須尾閭中正神貫頂上下一條線也兩膊相繫有如磅秤有橫木以懸盤也有此種々乃可以秤對方之勁稍有輕重浮沉分厘毫絲莫不顯然有準是為懂勁

校注：

❶ "枰鉈"，应为"秤砣"。

第二十項

活似車輪

此指上列撞勁須以己身作磅秤并須如車輪之秤也因人與物異雙方均思求秤須以秤就人人不能就秤也此處又以腰為車軸矣兩膊相繫以轉為輪之橫行也上下相隨為輪之豎行也稍一觸動則旋轉自如左右上下前後莫不俱然而後乃可用其秤并秤得上也

第二十一項

偏沉則隨雙重則滯。

此指上列所此求懂勁之車輪秤須活動方能秤人若叩此車輪秤能以活動之理其原動力在車輪之中微微偏沉左右一點或前後一點因有此不平均之微微偏沉車輪牽動而旋轉矣若輪之左右上下均係相等之沉此為雙重力量相等必致滯住不動矣但過於偏重一邊則此車輪必致傾翻而倒矣何能秤人之勁故此處所謂偏沉乃微微之偏不是偏重一邊之偏也

第二十二項

每見數年純功而不能運化者率皆為人所制卒不

能制人雙重之病未悟耳

此指練習太極拳多年經驗者其所受人制者均

為雙重之病未悟夫人身雙重之病有二欲去橫

行雙重易而去豎行雙重難即手與足之雙重也

第二十三項 非走

欲避此病須知陰陽粘即是走即是粘陰不離陽

陽不離陰陰陽相濟方為懂勁

此指雙重之病本為人所固有況有立如平準之

規定更易犯之故欲避此病須知陰陽即常令微

微偏沉於一點互相倒換無時或已則此車輪永

久活動而無滯住之時自能秤得人勁乃可得懂勁之功也。

(Ⅲ) 第二十四項 求懂勁之地點

懂勁後愈練愈精默識揣摩漸至從心所欲

此指能懂勁後本其經驗愈練愈精自能生巧

舉一動人不易懂而獨懂人則一切希求罔不如意以得懂勁之功矣

第二十五項

本是舍己從人多誤舍近求遠

此指車輪秤欲秤人勁必須舍己從人方能秤得

上不然人不能願為其秤也稚從人自有分寸不能盲從從人亦須有地點不能亂從若盲從亂從反一無所從故欲從人以最近己身之一點而沾之沾定後即在此點與之週旋隨之而變化無論對方如何均以此點作中心從一不從二從近不從遠因從近則在己之範圍之內易於得機得勢因從一則不致開門捉影顧此失彼以招不測之險也

第二十六項

所謂差之毫釐失之千里學者不可不評辨焉

此指拳之理論深奧若認識不真易致錯誤此學者於練習時應詳加明辨庶免差之毫釐失之千里也

按照太極拳所說懂勁之途徑已昭然若揭若本此途徑以知己始然後再求知彼尤須在知己中練成有知彼之方式及能力而後方可本此方式及能力以得知人之明若方式及能力不備則人豈願為我知蓋話能投機則物應餌能合味則魚來勁不能合人則人之勁不明此所以練習架子應含有求懂勁之作用而後乃可用以臨人茲按照

太極拳論懂勁之途徑加以歸納附以說明使練習此拳時有所注意則事半而功倍矣

一按照動分靜合之理在走架子時應將所有式勢均須含有分合之意以生分合之勁則開合之功成矣

之按照太極拳為陰陽之母走架子時應具有陰陽之分別陽為實陰為實應審查每一式內是否有一虛一實是否實能變虛，能變實如能俱備而能變則陰陽之功得矣

三按照我順人背之理走架子務須順遂而後方強制人以不順遂也應審查一舉一動有無彆扭之處

有無不得勢之處如無之則順遂之功得矣

4.按照動急急應動緩緩隨之意走架子時應審查所有運使有無快慢之分別有無能快能慢之能力如有之則急應緩隨之功得矣

5.按照氣沉丹田之理可收沉著之功走架子時應審查手足有無飄浮之勢姿勢上是否含胸拔背使氣下行如無浮飄之病而有拔背之功則氣自沉下丹田矣

6.按照頂勁須有虛懸之意以收輕靈之功走架子時應審查頭頂有無上掤之勁轉換時有無運重之

病如無其病而有其勁則虛懸頂勁之功得矣

了按照不偏之理乃表示身體中正安舒之意走架子時應審查一立身有無左傾右斜前後俯仰之病如無之則不偏之功得矣。

8按照忽隱忽現之說乃氣之內歛與外放也走架子時應審查內中有無柔剛之分行摺疊是否為柔用收放是否為剛如能有剛有柔忽柔忽剛則隱顯之功自得矣。

以上八項為走架子應有之定理乃求懂勁之工具決來育不能空手以求懂勁茲再簡單將此八項歸納

如下。

第一項　開合分清
第二項　中正不偏
第三項　虛領頂勁
第四項　氣沉丹田
第五項　運使順遂
第六項　剛柔相兼
第七項　虛實互換
第八項　快慢遞變

總此八項爲走架子應有之精神如缺其一則不足

稱爲完善之太極拳矣如能項口俱備乃有推手人
求懂勁之資格不然即貿然學之亦不能得受懂勁
之益即懂之而無法制之仍等不懂且易爲人懂也
上列八項爲造成推手之資格而後再本太極拳論
內用於推手以求懂勁之規定而增經驗在推手時
按項提出以審查之則病不易生而功自得矣兹縷
列如下

一、按照無過不及之規定在推手時應審查是否在圈
邊對待有無越出圈外之處或護住胸部手臂遍
滯如無此兩弊乃爲求懂勁之始點（中藏俯仰

二字）。

2.按照隨曲就伸之論在推手時應審查是否從人有無自作主張之處即自為伸縮之弊也如無之則急應緩隨乃是求懂不是予人以懂矣（中藏斷接二字）

3.按照人剛我柔謂之走說即遇有剛勁立時更換以柔勁應之也在推手時應審查剛變柔是否靈活能否變顯為隱如能之則走之勁得矣可以懂人勁之方向矣（中藏空挫二字）

4.我順人背謂之粘說即以順遂之勢臨人而予人以

不順遂也在推手時應審查若以柔勁變換為剛能否以剛行捲放使人不順遂止人滑走之弊如是為能之則粘之功得矣可以將粘強制人之勁有紊統之變換矣（中藏結揉二字）

5 按照不倚之規定即不以人之身手作己之支撐點也在推手時應審查己手居於人手下時有無予人以墊勁居於人手上時有無將己之勁攔靠人之身手如無之乃不為人懂不為人制之法也（中藏頂抗二字）

6 按照左重則右虛右重則左杳之說即兩臂間之勁

能否在左右肐膊內以倒換也。在人之習慣中左換右換左難。在推手時應審查雙方均能倒換否。如能之則對方不易懂我勁之地點矣。（中藏相繫二字）。

7 按照仰高俯深進長退促之說乃是舍己從人不以過不及離此也。在推手時應審查能否活如車輪免除頂匾丟抗四病。如無此病則四功得矣。（中藏沾黏連隨四字）。

8 按照舍近求遠之說即是顧彼失此開門捉影無一處可用粘矣。在推手時應審查是否粘定最近己

身之一點，如能在此點沾黏不脫不顧其他則舍近求遠之病自免矣。（中藏畫發二字）

以上八項乃在推手時應注意之希求點如能得之懂勁之功自可日進也茲再簡明約之如下

第一項　沾黏連隨

第二項　不墊不擱

第三項　靈換意氣

第四項　以柔化剛

第五項　舍己從人

第六項　不許俯仰

第七項 以剛制滑

第八項 粘近略傍

根據以上太極拳論中之懂勁論歸納其理屬於走架子之修己者計為八項待八項已得之再進一步以求懂勁求懂勁屬於推手以知人者亦為八項學者在走架子時審查上八項推手時再審查下八項如能符合不出其範圍則懂勁之功自可與日俱進矣在外表視之似其簡單致不知一部太極拳經莫不包括於此十六項之內如欲得其功效非用力之久不能豁然覺悟以貫通其用設或稍有悞解則不免

差之毫釐失之千里學太極拳者豈可對此先哲所經驗之理論而不加以評辨即能成功乎

第二十五章　四正推手與五(行)須定理

四正推手者乃用掤攦擠按四勁以互相求懂勁也

因求懂勁關係一切舉動力求發生沾黏二勁在沾黏範圍內之變化雖隨人而施并無限制然總令有黏杰(性)不許離開一點以待懂之程度日進此為必要者也最初固以運勁為主不許用著蓋用著乃遇隙即聲有失研究懂勁之意矣雖然沾黏二勁已具即須在此二勁中分清掤攦擠按之各別何者為掤何者為攦也能分清後再求轉換之時務須得機得勢隨時有可蓄可發之機會則推手之要求備矣太極拳

所以異於各家之處即在有練習懂勁之方法使之互相推磨由不知而進略知成於真知因人乃萬物之靈個性各別非與多數之人常相試驗不可知也拳經所謂由著熟而漸悟懂勁者乃表示非熟習推手不可得收懂勁之功也然非用力之久不能豁然貫通焉非積多年之經驗不能得其訣也在定步推手後須能分別勁別而後再習活步四正推手活步者乃沾粘連隨四勁也有連隨之步以濟之則易於分清勁別但變化時之姿勢能否得機得勢是一問題也在推手時係求懂勁為主宰凡一切違背懂勁

之着務須禁止採用因不如斯則懂之程度不易增進也茲錄陳品三先生推手時禁用之點說明如下

1 抽　抽者進不得勢將身抽回此丟病也

2 拔　拔者拔回其手以逃走此亦丟病也

3 遮　遮者以手遮蓋此頂病也

4 架　架者以手反架此亦頂病也

5 欺　欺者是亂動以哄人乃着也非勁也

6 壓　壓者以我手強壓人手此由己非從人不能懂勁也

7 凌侵　凌侵者乃入人之界內凌而壓之仍是由

三四九

己非求懂也

8 挺霸 挺霸者硬向後霸以力抓人非求懂也

9 猛撞 猛撞者持己力向前硬撞此抗病也

10 臜挪 臜挪者一手不得勢以另一手上掤以臜出此手此遍病也

11 揩 揩者不能擊發以手指之乃無掤勁此亦遍病也

12 掛 掛者以手掛之或以足掛之此由己乃着也非求勁也

13 鈎 鈎者如鐮之鈎從前向後鈎之此由己乃着

也非求勁也

14挑 挑者從下往①上挑之此俯病也

15閃 閃者閃過一旁此丟病也

16擋 擋者人來擊我以手硬擋人手此頂病也

17直 直者不設勢直往②前進此抗病也

18拏 拏者用手抓住人此由己乃着也非求勁也

19跑 跑者跑過一傍③此丟病也

20撥 撥者以己手撥人之手此仰病也

以上禁用之點為推手時易生之病然則如何謂之正方可不致生病以攻手言之我以手而貼人手不

校注：
①②应为"往"。
③"傍"，应为"旁"。

丢不頂隨之而變化以守言之人以手來我以手引之使進令其不得勢不能擊是謂之走即人剛我柔之謂也此為推手不易出病之法也查走者引之別名何以既名引又名走因引者誘之使進走者我去不與頂勢不與誘勢也能走之中自帶引進之功此是拳中妙訣非功夫到者不能悟學習推手者應時時注意也兹將推手歌訣說明如下

一掤攦擠按須認真　指應將四正之勁分別清楚
也掤攦是掤攦不可混而不分也

乂上下相隨人難侵　指如能上下相隨則中上不

離位自然人不易侵犯也

3 任憑巨力來打遮 指任憑何種巨力或攻或守均可不懼

4 牽動四兩撥千斤 指牽動乃粘勁足以粘走千斤之譬喻也此撥字非前項之撥乃借用四兩撥千斤之成句也

5 得機得勢最難尋 指得機得勢為上下相隨之進一步功夫非周身一家不能進於此此最難也

6 因接較依意氣君 指因接手而較量優劣以依貼人身以心意行氣為主也

7 引進落空合即出　指引之使進而落空處然後
一合即發出也
8 沾黏連隨不丢頂　指欲沾黏連隨須在不丢不
頂中求之也

考四正推手乃拳架中之反擥手掤捋擠按擥雀尾及琵琶手攬雀尾及似閉手四式之意而成乃與人較手時易逢之手故特提出專練之使此數式功夫日深耳按照拳經所定凡是奉架子內之各式均須逐式推之此種選擇式樣法則并無一定應就各人常用之手法內選之為上推內中以步法為主者有四項乃學習推手者

不可不習之式樣其理由說明如下

凡二人交手第一時期係用何方法進入圈內使之中正不偏開合有勢乃一有利之身手以不受碰擊為度能以安全進入圈內此為第一時期應有之過程也第一時期已過則第二時期乃生所謂第二時期者乃係進圈後用隅手對待以求粘之法也如已粘住即為第三時期蓋一方用隅手得以粘住對方往往因求手法粘黏之故其身步則不能即時成為方圓中正故在此期內不得不以步法隨手以彌補此項缺點焉而後方能為真正之粘也此項步法彌

補時而手法亦隨之而變化矣有時以一手相推或兩手相擊注重在左或注重在右或用天盤之手忽轉地盤之法在此期內祇求能以沾黏之力而粘之則自然落於人盤之中或在天地二盤時有隙可乘即以隅手擊之可也惟手之能擊仍賴步法以合手方可擊也倘習太極拳者與非同門交手此項過程實不可免之應法故應習之作為準備也

第一單式 金木之步。

乃左右推手已含拳架內之姿勢為單鞭雲手十字手揚鞭及單鞭下勢五著其推法如下

甲乙二人同立一綫分東西站立甲面南乙面北各出右手相掤徃復圓形圓走以左右動步而粘黏不脫數圓之後手臂下挫施以指點如單鞭下勢之形乙方以裏纏外反之精神以化乙方以同樣推法施之於甲右手練習畢然後再習左手同樣互相行之此勢完全以單手掤纏以叩問勁之變化能發即發為單手練習之根本手單手能行則雙手揉手之勢更易行矣

第二單式　水火之步

乃進退推手巳含拳架内之姿勢為摟膝倒攆猴

校注：

❶应为"往复"。

二看乃一進一退之合步練習法所求乃在手法不因換步而致散亂并練習手法能否動急則急應動緩則緩隨也其推法如下。

甲乙二人對面立如甲以摟膝進以三進為限乙則以倒撐猴而退也此項推手摟膝之摟法須圓形縮小以粘除胸部對方擊來之手而返擊其在倒撐猴一方亦須縮小圓形以防禦胸部遭對方之突擊①也如是一進一退而步法不亂手法無開門捉影之病此為練習上下相隨最易見效之推手也顧手亦須顧步且雙方出手有緩急之分不能同一速度出

校注：
① 应为"突袭"。

之若出即粘於不丟不抗之中手步均能不亂即是應付他種拳術之法也

第三單式　中土之步

乃上下推手也包含拳內之姿勢為白鶴晾翅退步跨虎提手栽捶指襠捶海底針六著雙之者方均以中土之步而倒換在此種步法內分清虛實以粘黏之忽上忽下而全身節節貫串不以蹲下而受滯不以提高而氣浮重心安定此進入圈內防禦對方近身襲擊之練習也

第四單式　連枝步

乃長短推手也其步法乃活動前進之中土步也合拳架內之姿勢為閃通臂灣弓射虎[①]二看雙方以連枝跟步互相進退為手法則左長右短或左短右長沾黏以進退不以身領手而以手領身為太極拳獨具之精神也

校注：

① "灣弓射虎"，應為"彎弓射虎"。

兹附録拳經推手五字訣加以說明以供參考

(一) 心靜 心不能沈靜則意不專一者手舞而心不在手足蹈而意不在足於是舉手左右前後全無定向為無目的而動矣推手起初一舉一動未能由己要悉心體認對方舉動隨人之動而動己身以隨曲就伸不丟不頂之精神以應之為伸縮若自己動作即以己為主體非求懂人勁之道也而易為人懂也故萬勿作無意識之動作走而以己勁助之走人未來而以己勁助之來此種情形有失動急則急應動緩則緩隨之意矣故應以

彼若有力我亦有力我力在先此指掤勁而言乃先法制人之道也彼無力我亦無力我意仍在先此指忽然轉為化勁其變化之意我居先也如此推手要刻刻留心我之身手挨至對方何處心神即在何處以向不丟不抗之中討消息求懂得人勁之所在也如此做去一年半載便可施之於己身矣此種設施全是用意而非用勁如用勁則易滯非習推手時所宜有也如用意久之則自能制人而不致被制於人然此種種非心靜專一不能用意也

久之身靈，身有滯處則左右進退不能自如因全身

校注：
❶ "先法制人"，应为"先发制人"。

有一滯處即是有一部份絕乏掤勁所致而此一部份已竟折斷不能貫串矣如身手有一處無掤勁內部又不能貫串則為濡滯屈曲為靈之敵也若要身靈靈由活來一舉一動不可有呆像有呆像則麻木不靈心意有別用有類摸魚何能以知對方之勁哉若無呆像則對方之勁方碍我之意已先入彼骨內已接骨而逼笞矣既能接之即以兩手支撐之亦即兩膊相繫之意全身含蓄掤勁以待也而後一氣貫串全身毫無滯處矣因是左重則右虛右虛自去右重則左虛而左虛自去此氣如車輪之

句乃指全身均有掤勁旋轉自如之謂全身有掤勁則氣能循環全身有如車輪之運行矣周身俱要相隨如一家之勢即整個之意也如身手腿有不相隨處身便散亂而不能靈活便不能得勢不得勢之病須於腰腿間求之歸根仍在跨❶之改正也本以心使身使己身隨己意而動此層能做到而後使己身以從人而無須從己由己仍是從人因由己以支配人人不受支配則頂抗而滯生矣故仍以從人為主自能靈活在靈活時方覺自己手上有分寸方明對方壓迫之輕重勁走之線路如是可以秤彼勁

校注：

❶ "跨"，应为"胯"。

之大小權彼來之長短前進後退處處恰合其勁功彌久而技彌精矣凡此種種又非身靈不能舍己從人也

3氣歛 凡推手時用過於開展之姿勢及過於低儼下之架子則氣勢容易散漫全身便無含蓄無含蓄則氣易散亂而不能歛矣故欲使氣不外散須有含蓄方可使氣歛入脊骨故須兩膊相繫合胸以拔背不使過於開展之姿勢致害含蓄以散其氣也務使呼吸通靈周身鬆開吸時為合為蓄呼時為開為發蓋推手雙方沾黏如一若用吸可將己氣提得

起因此亦影響於人而掌得人起此乃蓄勁運用以令對方根斷也呼時如己氣能沉得下因此亦放得人出此乃發勁運用以令人仆倒也凡此均以意使氣以呼吸為勁若氣不能歛則散漫無主而擊人不起亦放不得人出矣故非氣歛不能使用呼吸不能使人根斷也

4勁整 推手時之運發以全身之勁運向內行則藏有縷勁向外行則含有掤勁所謂裏縷外掤也倘能身靈氣歛於先則勁易成周身一家此即周身夫矯不羣動如長蛇節節貫串也能成周身一家而後

分清虛實以之蓄發則蓄為全身之蓄發乃為勁整惟完整之勁發須有根源其根乃起於腳根主宰於腰形於手指發於脊骨推手時要提起精神藏中正蓄勢於先於彼勁將出未發之際我勁已接入彼勁成一相對線恰好不先不後以接入之此呼之為接骨逗筍者也接骨逗筍之後即用如棉燃火之勢以捲收之以令對方根斷而後用如泉湧出之勢以發放之以令對方扑退惟在前進後退之變化務須無絲毫散亂乃能得機得勢方可隨手奏效此即所謂借力打人以符四兩撥千斤之句然非

勁整不易接人之勁而生發之效也

5神聚以上四者俱備歸根總賴神聚以盡其用以集其成因神之變化速度與意等意動則神變若氣則較神為慢倘練習神能聚注則神之量度增可以一氣鼓鑄練氣歸神使氣之變化隨神而變化神動而氣即能隨之久之氣自能與神合而為一加增氣之速度矣惟氣須能鼓盪為先因鼓盪之氣乃靈活之氣非呆如木雞之氣能靈活方隨得上神也而後方可會合一致能會合則開合有數虛實清楚均可以神行之也左虛則右實右虛則左實所謂虛者开

非全然無力仍然有掤勁藏於其中也實者亦非全然填實之謂乃實多虛少之謂也所謂氣宜鼓盪亦非全然在氣之方面神亦隨之而鼓盪因神與氣亦有先後導引之分也精神貴能貫注緊要全在含胸而腰鬆也貫頂而開跨①也運化須在含胸氣不在外面形勢之運也力從人借氣由脊發然則氣何以能由脊發是在氣向下沈其線路由於脊骨注於腰間此氣之由上而下也謂之合謂之蓄也其發時線路由於脊骨布於兩膊施於手指此氣之由下而上也謂之開謂之發也合便是收開便

校注：

❶ "开跨"，应为"开胯"。

三六九

是故能懂得開合便知其虛實到此地位用功一日
技精一日漸至從心所欲罔不如意矣
以上五﹝項﹞﹝定理﹞所有推手時之需要精義均已括其中
故錄之而加說明以供參考惟內中有兩點極應注
意者如下

（一）勿自伸縮　按照太極拳精義彼不動己不動彼
微動己先動己之動應在對方己有動機之時方能
舍己從人以懂對方之機如對方并未有動機而自
身動之在先似己予對方以懂我勁之機何能稱為
從人乃予人以從己也此最為﹝朱﹞﹝著﹞推手時萬不可

有之惟人常因染於畫圓揉手之弊不待對方有走意而自身反予對方以走之方便無異助人以壓己也使己勁易為對方懂也故推手時如己沾住萬勿自為伸縮應切記而不可或忘者也

(二)接骨逗筍　推手時於對方之勁將出未發之際我勁即接入彼之骨內呼之為逗筍此可証明必須與對方之勁同在平行線內以相對而相抵而不許相抗與相丟能有此種程度方可稱之為逗住筍也能逗住筍則如梗燃火以繼之因木梗燃火必須梗旋轉以向火方可燃着以生火也此乃羲明太極

拳精神接骨逗筍之後即用捲放之旋轉以使對方根斷成為前俯後仰左傾右斜之狀而後方可得發勁之機會則如泉湧出以繼之蓋泉之湧出乃直射而沈下①如拋物線沉下而前之勁使對方不能支持無抵抗可恃方能收發之效也總之在太極拳推手上言之所以費去若許光陰常與人推手不厭其煩以求懂勁無非求其能接骨逗筍如梗城大如泉湧出之三步功夫也

校注：

❶ "沈下"，应为"沉下"。

第二十六章 八門推手之方式

八門者四正四隅也四隅乃著之運用言對待則可言推手則不能因著乃發出之斷勁不易貫串為一如四正者最易貫串之勁而又不易改用散手以掤人因掤則勁斷矣勁斷後若能接當能再連如其不能有失四正之功用矣本章所謂八門推手者乃將四正四隅錯綜變化其間有斷有接正隅相變各盡其用正如專門練習斷接之法也以隅手斷之以正手接之使步隨手而變化又如專門練習上下相隨之法也且八門推手之步法有斜行進退有正步進

退讓合二人較手時應用之各項步法手中有運有發有着有勁有速有慢乃二人此試時應有之手法也人若經過以前諸章之推手及對待功夫待此項八門推手亦已練熟可謂已達到此雛形矣雛形既備然後再求精進在隅手斷接上注意在己身俯仰上留心時時注意而後方可日進於懂勁之功也如果雛形高未全備貿然登場與人較手無怪其不能因高未學習較手之故也此項推手雖為八門而內中已含身法腰腿步法式式俱備但俗呼為大擴而不名八門因其注重之點在繼繼不斷即斷能

接方可謂之真正之縷而後不丟不頂之沾黏連隨生矣縷若外反則為掤矣助之以手則為擠矣用掌而下行之縷則為按矣助之以手而縷之則為採矣縷動而發出之則為挒矣縷動後以手之中節發出則為肘矣縷動後由手之根發出則為靠矣所以太極拳

在個人走架子時可以呼之為掤拳纏絲拳

在與人較手時可以呼之為縷拳化勁拳

練習此項推手時如能在縷上注意則斷接之能自然生矣茲說明八門推手如下

八門推手法

(1)我北他南竝步相立距離約伸一肱膊之遙我出右手外腕與他右手外腕相掤粘我撤右足退向西北約一整步足尖朝正西我以右手虎口搽他之右手腕我之左陰肘搽他右陽肘尖我之右心向裏我之左手心向外我足為馬膽我之右膝較屈同時發勁攦而挫之他之左步向西北邁一便步右步伸入我膽內他之右外胯搽我右內胯他之右手背面用掤勁粘我右手心他之左陽肘尖對我心口他之左手正面扶他右肘灣①如擠勁

校注：
① "右肘湾"，应为 "右肘弯"。

同時化我挒勁他用陽肘尖向我心口發勁擠而肘之我見他陽肘尖將挨我心口時急用右手握他之右手腕我之左肘面黏他右肘正面同時向下搽而按之他隨我搽按之勁開胯下腰他之肱膊全部下隨以化我搽按他之右肩側心口同時用肩帶胯向我發靠勁我見他右肩側面將靠我心口我急用左手肘間之肱膊以掤黏他之右肩肘間之肱膊我之右手用撤勁將他右手往下撤掉繞半月形圍我之右手面向他面部用捌勁虛捌之

(2)他右肱膊用馬膽勢向下鬆而隨之化我撒勁逆轉右手面以接我右手他用掤粘勁竝步他同時右足向西南邁一整步足尖朝南至此則地位已換他轉攻勢而我為守矣其動作與一項同

(3)手法與之同所差者惟步之方向不同耳

(4)手法與之及了相同所差者亦係步之方向不同也

以上為右手之四面如四方推手之形以下為左手另一四面之推手

(5)我見他右肩側面將挨我心口我急左手面我他

之左手背我右手回我他之左肘正面轉提左足繞他右腿用拗步入他膕內搌而按之他被我搋按他急用右腕黏我左肘正面他之左虎口搋我左手腕竝步變用右陰肘搋我左陽肘向東南邁一憩步其時他之左手心向裏右手心向外他足爲膕他之右膝較屈同時發勁擺而挫之以下手法步法與右四方推手之形同

(6)(7)(8)手法步法與右四方推手之形同

以上乃俗呼大纙之走法其中四正四隅參和以用其應注意之點在正隅相變由勁而變爲着再由着

而回於勁著勁變換之斷接為太極拳最難之鍛練在接之間要天衣無縫在斷之內要勁斷而意不斷若走換時如不能將著勁變換之斷接分別清楚充分發現於外則此項推手可謂毫無意義可言矣

第二十七章 氣功試驗與繞絲勁推手

太極拳者掤勁拳也前章內均有論及舉凡太極拳一切修練無非為此掤勁而練也掤勁者若評細分析其內容乃氣與彈性一種聯合組織也蓋理為精氣神之體萬物萬事無不歸於此理也而精氣神又為身之體身無精氣神則如行尸走肉何能為身之用也身為心之用乃心賴身以運用一切也勁力為身之用身有勁力而後乃為有用之身也拳經云心身有一定之主宰①精氣神有一定主宰②者意誠也誠者天道誠之者人道俱不外乎意念須臾之

校注：

❶❷应为"主宰"。

間要知天人同體之理自得日月流行之氣其意氣之流行精神自隱乎埋矣若言勁係出於筋骨而氣乃流行於骨節筋脈是氣勝者乃內壯於筋脈也若筋有彈性則生勁如欲求彈性則非氣氣流行於骨節筋脈內不可得也若求氣能流行於筋脈骨節內以生勁又非以意念驅之便氣流貫串於內不可能也此奉經所謂以心行氣務令沉着方能收歛入骨髓以氣運身務令順遂乃能便利以從心也如是自得掤勁發源之理氣與彈性分任之功意誠作用之效矣若身有不順遂處則影響氣管有缺陷處氣流

因是發生阻碍矣如能全身節節貫串即是氣遍身
軀之證乃全身無有不順遂也所以練習太極拳者
求能氣遍身軀乃由走架子以得之此為一時期如
氣已普遍全軀再問此氣量之強弱而後可以測驗
掤勁之強弱也蓋掤勁之够量與否關係應用上甚重
且大按照拳之應用法對方勁強須以弱遍之此空
結二字運用之原理也倘己身雖有掤勁不够其度
有如缺乏資本者自不足應對方之要求而補助之
矣何況太極拳在雙方相沾之時總以力求上遊為
貴也所謂上遊者係以己手位於對方手之上也蓋

據上遊則近於用擴為下掤之勁用㨎補易而變化速對方之根因是亦易斷且沾後放發自然此較更易矣設不幸而居人下雖然可以揉字以走化對方之勁變為上遊但此走化仍須要掤勁掤住於先而後方可走化也如掤不住則己之勁非遍即丟矣則仍不能應用揉字也前章所述亡身之遍病係目身所出之遍缺乏氣之貫串所致也此處所論之遍乃為對方所突擊或沉壓而生之遍情形當然不同矣太極拳家與本門推手因其雙方均存有沾黏不脫之心所出之手有輕沉之勁以調劑其間則衝力及

沉壓之情形自少若與異派❶而稍學推手者相較在研磨之初往往被其突擊或施以壓迫致己之手背匾折而陷於濡滯此種情形凡練太極拳者頗多遇之因此人常感覺此拳雖善能變化仍不足應付抉剛之勁一旦遇堅硬突衝雖知其法而無法以應之矣蓋在此時機如不能用化則須開之改用隔手以應付不可惟隔手乃補助正手之不及決非正手已被匾折之後而可再用隔手以變化也所以與人推手或較手時第一要求自身無遍折❷之病并求不致被人壓迫以匾折第二要求條沿住時乙手仍有掤

校注：
❶应为"异派"。
❷"遍折"，应为"匾折"。

三八五

勁在因能掤住之能而後可用挫揉繼之或因掤住
時忽生輕重浮沉之病亦可開之改以隅手應之也
然則非掤住不能有化非掤住不能開之以為太極
拳天經地義之原則若無掤既不能化又不能開即
隅手亦用不上也可見掤之重要性與掤之強弱為
先決問題也因掤勁弱則彈性弱掤勁之進展是由
弱而致強及其至也則能強能弱亦強亦弱乃功夫
到達之一點未有不是由弱練至強也是以掤勁中
又須有彈簧性之最底限度亦即氣功貫串於內之
限度也茲分則說明如下

校注：
❶ "最底限度"，應為 "最低限度"。

一若被對方壓迫過甚時如掤勁不夠則不能開合以化其勁自身已遭遍折安能開之以救隅手乎此掤勁必須有限度之一也

一若用隅手係以輕制重為擠掘之作用已如前章所述譬如四兩撥千斤之句然四兩亦是一種限度須在得機得勢中方可假定能撥千斤之量也若患輕重浮沉則出病時當然需要超過四兩之限度方可供此要求此掤勁必須有限度二也

一若對方忽出迅速沉重之手必須順其勁之來脈去勢以連隨而沾之然必須手中掤勁夠數方可沾

此沉重之手則掤勁內氣功自然需要一定之限度也

太極拳練至火候純青時遇機而化可以用極微之掤沾以化除於人設遇不測之兇暴手中亦自有方寸以應其急而結補之然則在此一刹那間之結補亦係掤勁內氣功之限度也

綜觀以上四則如練習掤勁尚未達到一種限度一旦遭遇奇襲則無法應之乃不可掩之事實非關方法之不善乃掤勁不夠以致運轉不靈之病也雖然功夫練到時固無此必需但在過程中若無此勁隱

三八八

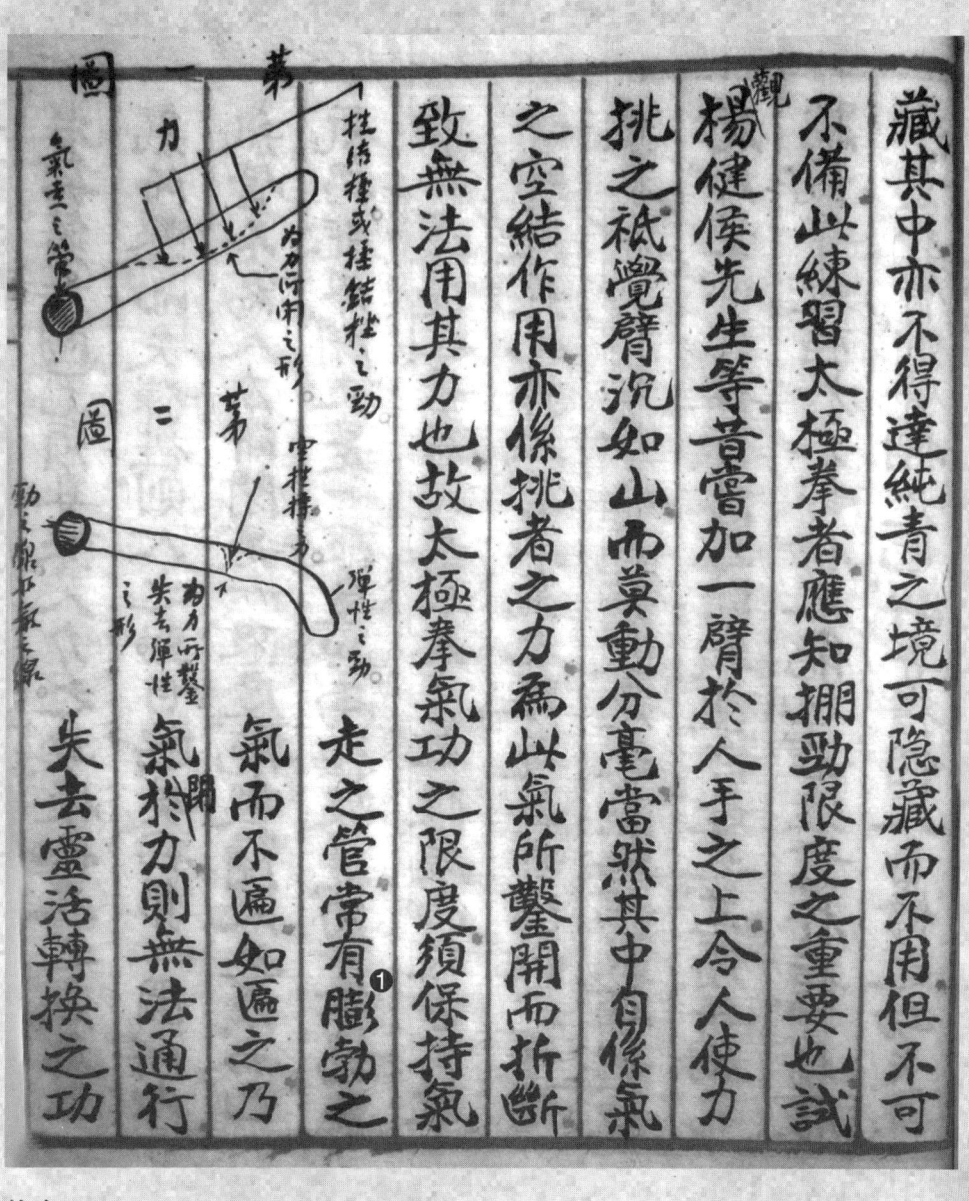

藏其中亦不得達純青之境可隱藏而不用但不可不備此練習太極拳者應知掤勁限度之重要也試觀楊健侯先生等昔嘗加一臂於人手之上令人使力挑之祇覺臂沉如山而莫動分毫當然其中自係氣之空結作用亦係挑者之力為此氣所鑿開而折斷致無法用其力也故太極拳氣功之限度須保持氣走之管常有膨勁之❶氣而不遍如遍之乃氣鬧失去彈性氣於力則無法通行失去靈活轉換之功

第一圖

第二圖

校注：

❶ "膨勁"，應為"蓬勁"。

矣如第一圖尤須具鑿人力之功使他人之力為己氣所鑿而失彈性則人之勁自斷矣(如第二圖)所以氣管不為人力所閉是一限度能鑿開人之力而已氣仍能不閉又是一限度此兩種限度均是內功氣管之改度也若有此基本之限度而後方可攻守於人化於人有此氣之限度加於彈性之中則基本掤勁得矣平時走架子是使氣路暢旺順利流行以受心之指揮意之所到氣即赴之尤須所到之點氣量較強於各部份之能也若注意於指則指脹注意於臂則臂掤是也此專指個人自修之功夫而

言也若用之於技擊須在暢旺流行中能鏨人不為

人鏨與能開人不為人開此非進一步加以試驗莫

予以壓迫之經驗不能得也所以在練習推手有相

當進境時即須練習此項試驗氣功式之推手呼之

為繞纽勁推手俗呼為老牛觔是也舉行此項常於

三伏三寒之季內行之雙方鬆關節使氣流暢行繞

纽其勁雙方以堅剛相見使氣集於相沾之點不許

發生濡滯之病不許行濡空之法在挫揉中務須挫

得人起揉得人退之意如能行到三個三伏三寒之

期於此堅剛推手後手臂均仍有膨脹之意手執筆

校注：

❶ "繞纽勁"，应为"繞扭勁"。

而不生顛動之病溫和亦如平昔則掤勁內氣功亦自有可觀矣試觀彈性不夠之金屬彈簧經過數次之壓廹非折斷即直其性而不復有外彈之性矣所以掤勁必須試聽此基本之量以求不易為人所鑒閉而後方可運化從心不虞何種突擊之患也如未得其量其不足應人自在意中然切不可悞認拳之不善應付剛勁以自灰其心若氣功旺盛一遇其點則無氣閉於力之病可以自由走化於人而不為人制矣惟應注意者此項推手切不可早學若提前練之勁未能鬆開則易生僵是功未得而病已頻添矣

然而不可不學因有輕靈勁之推手亦須有堅剛勁之推手兩者失一有柔無剛豈可稱為太極拳經云掤攦擠按世間稀十個藝人十不知若能輕靈並堅剛沾黏連隨俱無疑蓋輕靈之後續堅剛為太極拳推手應有之程序也

第二十八章 結論 懂勁之程序與小腦

技擊之懂勁猶軍事之知兵知者不獨暢曉己之軍機知人善任成為整個之勁旅以收指臂之效尤須本自己治軍之經驗以知敵人之變化并須深明謀略以應其變使之就我範圍為己所制而不受制於人而後方可號稱知兵者如在技擊上言之若求懂勁則須暢曉己之運知動覺以使全身節節貫串上下相隨為整個之體尤須本自己鍛練之經驗變化之心理由觸覺內感覺對方之勁別及轉換之線路引進使之落空并使對方之勁為己所制而敗滅

而後方可為懂勁者拳經云世人不知己之性何能得知人之性物性亦如人之性至於天地亦此性我賴天地以存身天地賴我以織局若能先求知我性天地按我偏獨靈是以求懂勁必須在懂己懂人之內運用方法以制人而不為人所制方算盡懂勁之能事非祇能懂勁而無法制人即算稱懂勁也求懂勁之程序可分為三個時期

一、第一時期為修己時期猶如軍事之練兵期也在此時期內應訓練各種攻守之法務使式式俱備樣樣能熟號令純一以嚴明精神貫澈❶而順利靜

校注：

❶ "貫澈"，應為 "貫徹"。

三九五

如山岳動似江河上下一致全無隔閡乃能收整個之功號節制之師庶可以有臨陣之資格也

兄第二時期為知人時期猶如戰略上之善覘敵情也為知彼之用在此時期內應能偵知對方之兵種及兵力之大小敵情之變化祇求能行威力偵查與敵有週旋之能求懂得對方形勢如何以供乙之籌畫在此偵察之下能不為敵所驅退而致敗即已足矣

3第三時期為治人時期猶如軍事之總攻擊也在此時期內乙之兵力備配完成作戰計畫已定敵

人不出則佯攻以誘之敵人若來則設伏以擊之亦攻亦守旋進旋退使之不能不出不能不至已之有利地帶以遭創傷且戰且擊相機應付務期殲滅對方而後已也

以上三個時期如第一期係第一第二兩集內之運勁發勁功夫前集已經說明毋庸再述如第二期乃是推手功夫第三期乃是打手功夫按照北平俗稱之推手即為陳家溝之打手緣北平太極拳因柔之關係往往①注重在推而不在打河南陳家溝因剛之關係注重在打而不在推其中比例有如知人與治

校注：
① 应为"往往"。

人之不同雖然治人內非舍有知人功夫不可然在時間上應由先知而後治也如第一期尚未練習純熟即進至第二期何異以訓練未成之軍隊驅之戰場安能行威力偵查對方之兵略手蓋修己而後知人知人而後治人世間諸事均可作如斯觀也故習懂勁之法第二第三兩期功夫應分為五個階級依次進步以練之

一、第一級 揉手式推手 此時個人走架子功夫已至有周身一家之勢一舉一動各項勁別俱備推時祇求能互相推動而不離開仍令有走架子

之精神而不濡滯即已足矣此時速度快慢均可

見第二級勁別式推手。此時應分清對方所出之勁而已之勁尤應使已掤攦按四勁分別清楚以意使氣以氣運身運時審問身手不同之感覺及壓迫之輕重即已足矣此時應稍慢運

3 第三級 沾黏式推手 此時應進而活步推手以求沾黏連隨四勁務須沾而不頂黏而不匾連而不丟隨而不抗如頂匾丟抗四病已去則沾黏連隨四功自生此時快慢不等動急則急應動緩則緩隨總期四病去淨即已滿足矣

三九九

4.第四級 得勢式推手。此時應以極慢之動作，刻刻慎思勁之接頭處及變化之處自己之姿勢，是否因沾黏連隨之關係使神氣中斷接之病，手足上生俯仰之病應從身體上節節而慎思之，能夠將此四病除去乃可再進一級也。

剛纔級勁推手未可遽為推手、仍如五級十要令之後。

5.第五級 蓄發式打手 此時專注重在變化之上，對方勁強則空，弱則結之勁引誘則挫之走，進則揉之一舉一動無時離開空結挫揉四字使之互相連貫以變化能挫即捲之而成蓄能揉即放之或為發，如能將此八字運用純熟得心應手

校注：

❶ "绕纽劲"，应为"绕扭劲"。

則懂勁之功成矣

以上五級為求懂勁應有之過程無論如何聰明之士務須按序而行以期在每一級中得到相當經驗若一級不明即思越級而過反有欲速不達之病蓋頂匾丟抗不去則沾黏連隨不工斷接俯仰不去空結挫揉不能生效因求懂勁此病不生如未經過此病亦不能得達懂勁之地因此病為求懂勁應有之病待病已去後乃得八字互相掉換應用之而歸納於兩儀之中以捭闔二字代表之茲將二字說明如下

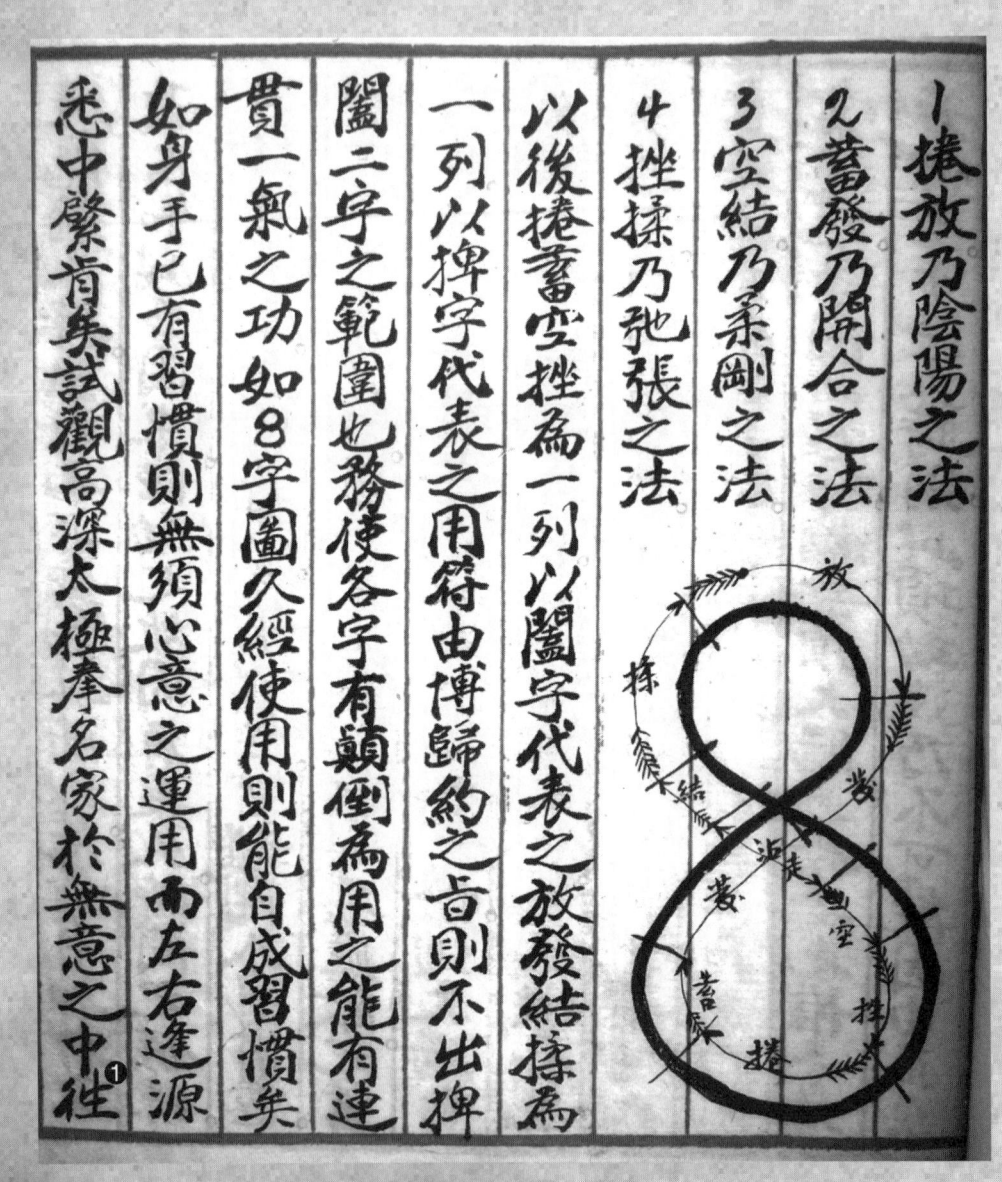

1 捲放乃陰陽之法
2 蓄發乃開合之法
3 空結乃柔剛之法
4 挫揉乃弛張之法

以後捲蓄空挫為一列以闔字代表之放發結揉為
一列以捭字代表之用符由博歸約之言則不出捭
闔二字之範圍也務使各字有顛倒為用之能有連
貫一氣之功如8字圖久經使用則能自成習慣矣
如身手已有習慣則無須心意之運用而左右逢源
悉中縈肯矣試觀高深太極拳名家於無意之中往①

校注：
① 应为"往往"。

往能將人摔出自己亦莫知其所以然者有如神助致不知此乃因求懂勁之故因有長久時間之鍛練身手中成為落空即發之習慣自可離開人身有意識之大腦而以無意識之小腦担任此項應敵之責發矣倚小腦能完全担任此種戰術部份則大腦自然獨立專以高級司令自任以戰略是謀矣蓋小腦為人身來感神經動作之主任官如人之臂可以自由伸出縮進設遇意外激刺立時將手收回乃人常遇之事因此種伸縮無須大腦之命令也惟手足若伸至十足直時則此項功效乃不可能因由直至

灣非大腦頒發命令不能成灣此拳術家所謂舊勁已去新勁未生之時也若太極拳則不然因其對於肢體務求順遂不准伸直其手足所以有沉肩墜肘開跨曲膝之規定蓋欲無煩太腦之命令以踏新舊交換時之空隙為人所乘也是以求懂勁者應使手足有挫揉捲放之習慣一旦遇外柔之壓迫或牽引可以自由發生反射作用以應人之勁因小腦乃天然節制身體平衡之利器亦可說太極拳之姿勢乃最適用小腦之拳術也兹再用歸納法以簡單之言說明求懂勁之法在空結挫揉捲放重發八字已明

校注：
❶❷ "灣"，应为 "弯"。
❸ "开跨"，应为 "开胯"。
❹ 应为 "法" 字。

其作用後可將此八字互相摻用八字中間隱藏一走字以分歸摻闔二字因走乃生於空結之中間人來我走之謂也但走內仍然含有掤勁拳經稱之粘即是走走即是粘若與人推手行粘走之後靜以聽之聽是心聽不是耳聽若對方勁弱則補之強則瀉之瀉補之後則成為非結即空矣能有空結之調整無論施之於人或用之於己則不愁雙方之勁沾黏如一矢在弦時機乃可採用彼不動己不動彼微動己先動之精神作先發制人之計如對方之勁微向上而出則以採字應之如係微向下而出則以

挫字應之經過挫揉二字之任何一字則捲放之機會自至而蓄發可施矣以練習懂勁必經之過程尤須以小腦養成蓄發之習慣而後乃可收懂勁之宏效也